킹왕짱! 부수 주사위놀이

놀이법

1. 주사위를 던져 나온 수만큼 이동하여, 100번 숫자칸에 먼저 도착한 사람이 이깁니다.
2. 이동한 칸에 부수가 있으면 그 부수를 큰 소리로 읽습니다.
3. 고속도로가 나오면 그 칸에 있는 부수가 들어간 한자를 말하고 지름길로 올라갑니다.
4. 뱀의 꼬리 그림이 있는 칸에 도착하면 뱀의 머리가 있는 칸으로 내려갑니다.

어시스트하모니(주)

킹왕짱! 부수 214자

킹왕짱 부수박사 1탄에서 학습하는 한자입니다.

1획 一	丨	丶	丿	乙(乚)	亅	2획 二	亠	人(亻)	儿	入	八	冂	冖
한 일	뚫을 곤	불똥 주	삐침 별	새 을	갈고리 궐	두 이	돼지해머리 두	사람 인	어진사람 인	들 입	여덟 팔	멀 경	덮을 멱
冫	几	凵	刀	力	勹	匕	匚	匸	十	卜	卩	厂	厶
얼음 빙	안석 궤	입벌릴 감	칼 도	힘 력	쌀 포	비수 비	상자 방	감출 혜	열 십	점 복	병부 절	언덕 엄	사사로울 사
又	3획 口	囗	土	士	夂	夊	夕	大	女	子	宀	寸	小
또 우	입 구	에울 위	흙 토	선비 사	뒤져올 치	천천히걸을 쇠	저녁 석	큰 대	계집 녀	아들 자	집 면	마디 촌	작을 소
尢(尣)	尸	屮	山	川(巛)	工	己	巾	干	幺	广	廴	廾	弋
절름발이 왕	주검 시	왼손 좌	메 산	내 천	장인 공	몸 기	수건 건	방패 간	작을 요	집 엄	길게걸을 인	들 공	주살 익
弓	彐(彑)	彡	彳	4획 心(忄)	戈	戶	手	支	攴	文	斗	斤	方
활 궁	돼지머리 계	터럭 삼	걸을 척	마음 심	창 과	지게 호	손 수	지탱할 지	칠 복	글월 문	말 두	도끼 근	모 방
无	日	曰	月	木	欠	止	歹(歺)	殳	毋	比	毛	氏	气
없을 무	날 일	가로 왈	달 월	나무 목	하품 흠	그칠 지	뼈 앙상할 알	몽둥이 수	말 무	견줄 비	털 모	성씨 씨	기운 기
水(氵)	火(灬)	爪	父	爻	爿	片	牙	牛(牜)	犬(犭)	5획 玄	玉	瓜	瓦
물 수	불 화	손톱 조	아비 부	점괘 효	나뭇조각 장	조각 편	어금니 아	소 우	개 견	검을 현	구슬 옥	오이 과	기와 와
甘	生	用	田	疋	疒	癶	白	皮	皿	目	矛	矢	石
달 감	날 생	쓸 용	밭 전	발 소	병들 녁	걸을 발	흰 백	가죽 피	그릇 명	눈 목	창 모	화살 시	돌 석
示	禸	禾	穴	立	6획 竹	米	糸	缶	网(罒)	羊	羽	老(耂)	而
보일 시	짐승발자국 유	벼 화	구멍 혈	설 립	대 죽	쌀 미	실 사	장군 부	그물 망	양 양	깃 우	늙을 로	말이을 이
耒	耳	聿	肉(⺼)	臣	自	至	臼	舌	舛	舟	艮	色	艸(艹)
쟁기 뢰	귀 이	붓 율	고기 육	신하 신	스스로 자	이를 지	절구 구	혀 설	어그러질 천	배 주	그칠 간	색 색	풀 초
虍	虫	血	行	衣	襾	7획 見	角	言	谷	豆	豕	豸	貝
호랑이 호	벌레 충	피 혈	다닐 행	옷 의	덮을 아	볼 견	뿔 각	말씀 언	골 곡	콩 두	돼지 시	발없는벌레 치	조개 패
赤	走	足	身	車(车)	辛	辰	辵	邑(阝)	酉	釆	里	8획 金	長(镸)
붉을 적	달릴 주	발 족	몸 신	수레 거	매울 신	별 진	쉬엄쉬엄갈 착	고을 읍	닭 유	분별할 변	마을 리	쇠 금	긴 장
門	阜	隶	隹	雨	靑(青)	非	9획 面	革	韋	韭	音	頁	風
문 문	언덕 부	미칠 이	새 추	비 우	푸를 청	아닐 비	낯 면	가죽 혁	가죽 위	부추 구	소리 음	머리 혈	바람 풍
飛	食	首	香	10획 馬	骨	高	髟	鬥	鬯	鬲	鬼	11획 魚	鳥
날 비	밥 식	머리 수	향기 향	말 마	뼈 골	높을 고	머리털늘어질 표	싸울 투	울창주 창	오지병 격	귀신 귀	물고기 어	새 조
鹵	鹿	麥	麻	12획 黃	黍	黑	黹	13획 黽	鼎	鼓	鼠	14획 鼻	齊
소금 로	사슴 록	보리 맥	삼 마	누를 황	기장 서	검을 흑	바느질할 치	맹꽁이 맹	솥 정	북 고	쥐 서	코 비	가지런할 제
15획 齒	16획 龍	龜	17획 龠										
이 치	용 룡	거북 귀	피리 약										

킹왕짱 부수박사 1탄

자연과 관련된 부수 67자

기초 탄탄 학습

한자를 학습하는데 가장 기초가 되는 것이 바로 부수입니다. 부수는 한글의 자음과 모음이나 영어의 알파벳에 해당합니다. 부수로 한자의 기초를 세우면 한 번에 많은 한자를 체계적이고 효율적으로 익힐 수 있는 큰 힘을 발휘합니다.

일석이조 학습

부수는 모두 214자입니다. 한 번에 학습하기에는 적지 않은 양입니다. 그래서 아이들이 짧은 시간 안에 효과적으로 학습할 수 있도록 한국어문회에서 주관하는 한자능력검정시험의 배정한자와 연계시켰습니다.

초등학생 권장 급수인 4급 배정한자에 맞춰 부수 학습의 차례를 정하여 주제별로 학습할 수 있게 구성하였습니다. 부수 학습과 동시에 급수 한자를 학습할 수 있어 일석이조의 효과를 거둘 수 있습니다.

킹왕짱 부수박사 1탄과 2탄을 학습하면 5급 학습이 완성되며, 3탄을 학습하면 4급 학습이 완성됩니다.

자기주도적 학습

아이 스스로 하는 학습보다 더 효과적인 학습은 없습니다. 킹왕짱 부수박사는 아이들의 눈높이에 맞춘 설명과 시원시원한 디자인 구성, 만화와 그림 등을 통해 아이 스스로 한자를 학습하는데 어려움이 없도록 만들었습니다.

아이 스스로 계획을 세워 매일 정해진 분량대로 학습할 수 있도록 학부모님은 그날그날 학습한 내용을 확인하여 학습이 지속적으로 이루어질 수 있도록 격려해 주 시오.

이 책의 학습 방법

1 부수 학습하기

부수를 그림과 유래 등을 통하여 다양한 방법으로 학습합니다. 또한, 중국에서 사용하는 한자와 비교 학습할 수 있습니다.

2 부수 학습 확장하기

학습한 부수로 만들어진 5급 배정한자들을 살펴보면서 부수의 의미를 한자와 연관시켜 학습합니다.

3 부수 100% 익히기

부수를 필순에 맞게 직접 쓰면서 머릿속에 꼭꼭 되새깁니다.

4 학습 확인하기

학습한 한자를 얼마만큼 이해하고 익혔는지 문제를 풀면서 확인해 봅니다.

5 급수한자 익히기

학습한 부수로 만들어진 한자 중 5급 배정한자를 쓰기노트를 활용하여 학습합니다.

차례

킹왕짱
漢字
콰

어머!
이게 무슨 소리지?
건물 무너지는 거
아니야.
다다다다

석봉아,
너 지금 뭐하는
거니?
쿵

한자는 너무
어려워. 아무리
외워도 안 돼.

모르는 소리!
한자만큼 쉽고
재미난 게 없는걸.
무슨
비법이라도
있는 거야?

NO
척
무작정 달달달
외우는 한자는 NO!
원리를 알아야지,
원리를!

한자를
외우는데
무슨 원리???
에헴, 내 특별히
알려주지.

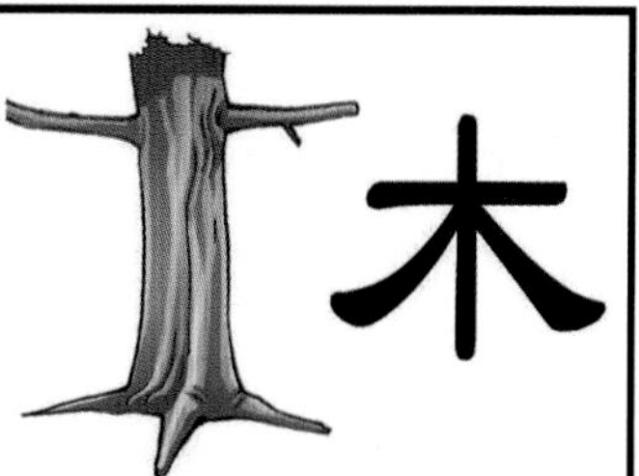

한자를 보고 글자의
모양과 비슷한 사물을
상상해 봐.
예를 들어, 나무를 뜻하는
木(나무 목)자를 보면
나무의 나뭇가지와
뿌리 모양을 본뜬걸
알 수 있지.

난 꼬마가 아냐!
내가 바로 그 유명한 킹왕짱 부수박사 란 말이야!
그 유명한 킹왕짱 부수박사가 이런 꼬마…
석봉아, 한자는 어렵지 않아. 이제부터 내가 쉽고 재밌게 설명해 줄게.
척

우선 부수의 部(떼 부)자는 관공서의 육부, 노동부, 행정부 등의 부에 쓰이는 글자로 '모여 있는 단위'를 나타내지.
部
떼부
스윽

首(머리 수)자는 머리라는 뜻으로 우리나라에서는 '대장'이란 의미로 쓰여. 그래서 부수란 비슷한 글자가 모여 있는 곳의 '대장글자'라고 할 수 있지.
뿅
척
켁!

중국 청나라 황제 강희제가 한자를 쉽게 익히게 하기 위해서 학자들을 모아 5년에 걸쳐 214개의 부수를 만들어 약 4만 7천자의 한자 체계를 잡았어. 이때처음으로 부수라는 말이 생겼단다.

아하! 그래서 한자를 옥편에서 찾을 때 부수부터 찾는 거구나!
탁

그래, 맞았어! 제법인걸.

또, 부수는 글자 속에 놓이는 위치에 따라 부르는 말이 있어.

부수가 글자의
왼편에 오면,
'변'이라고 해.
人부 총 5획
仙
신선 선

글자의 오른편에 오면
'방'이라고 하고,
力부 총 5획
功
공 공
후

글자 위에 오면
'머리'
草 풀 초
↓
艹부 총 10획
척
척
어엇!
早

글자 아래에 오면 '발'
思 생각 사
↓
心부 총 9획
어~
田
탈탈
心

위와 왼편에 오면 '엄'
病 병 병
↓
疒부 총 10획
病

왼쪽과 아래에 오면
'받침'
遠 辶부 총 14획
멀 원
오호,
그렇지.
제법인걸.

헤헤, 가끔 나도
내가 넘 똑똑한 것
같아.
못 말려!
에공…

國
口부 총 11획
나라 국
부수가 글자 전체를
둘러싸고 있으면
'몸'이라고 해.

글자 전체가 부수인 글자는 '제부수'라고 해.
日(날 일), 大(큰 대) 등이 있지.
난 날 일자야.
고독을 좋아하지.
나 혼자도 충분해.
저리 가!
日부 총 4획
날 일

부수와 부수가 만나
새로운 글자를 만들기도 해.
그래서 처음 한자를
공부하는 사람이 부수를
모르면 한자 외우기가
힘든 거야.
알았냐?
이 바보야.

그래서 부수를 알면
나처럼 한자박사가
될 수 있어.
흥, 잘난
척 마녀.
뭐?
!

너희들 내
얘기는 듣지도
않고…….
천석봉,
너 정말~!
퍽
커헉

자연을 보고 만들었어요

우리 주변에서 흔히 볼 수 있는 해와 달과 같은 자연물을 본떠 만든 부수입니다. 실제 자연의 모습과 비교하며 학습해 보세요.

日 날 일	月 달 월	山 메 산	川 내 천	水 물 수
火 불 화	土 흙 토	气 기운 기	雨 비 우	白 흰 백
夕 저녁 석	凵 입 벌릴 감	阜 언덕 부	厂 언덕 엄	穴 구멍 혈
示 보일 시	石 돌 석	金 쇠 금	玉 구슬 옥	辰 별 진
冫 얼음 빙				

밝게 빛나는 해의 모양

해와 날씨, 시간, 명도*의 뜻으로 활용됩니다.

景·볕 경
明·밝을 명
時·때 시

曜·빛날 요
昨·어제 작
晝·낮 주

春·봄 춘

다음 부수를 필순에 맞게 써 보세요.

총 4획	日 日 日 日					
日	日	日	日	日	日	日
날 일	날 일	날 일	날 일	날 일	날 일	날 일

공부한 날 월 일 확인

반원 모양을 한 달의 모양

달이나 시기, 시간의 의미로 활용됩니다. 달의 모습이 변하는 주기가 약 30일인 데에서 한 달을 뜻하기도 합니다.

期·기약할 기
朗·밝을 랑
望·바랄 망

服·옷 복
有·있을 유
朝·아침 조

다음 부수를 필순에 맞게 써 보세요.

총 4획	月 月 月 月					
月	月	月	月	月	月	月
달 월	달 월	달 월	달 월	달 월	달 월	달 월

공부한 날

월 일 확인

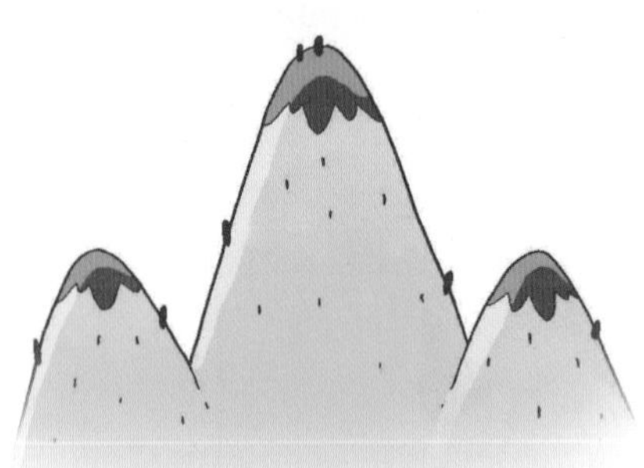

봉우리가 있는 산의 모양

봉우리가 세 개인 산의 모습을 본뜬 글자입니다. 산의 일부분이나 산의 모양과 관련된 것으로 활용됩니다.

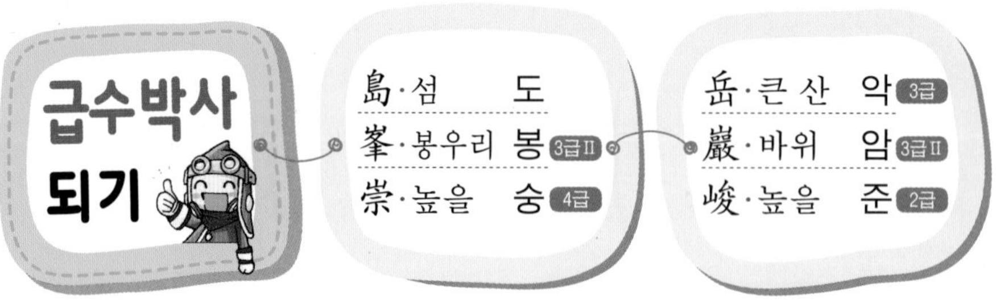

다음 부수를 필순에 맞게 써 보세요.

총 3획	山 山 山					
山	山	山	山	山	山	山
메 산	메 산	메 산	메 산	메 산	메 산	메 산

공부한 날

월 일 확인

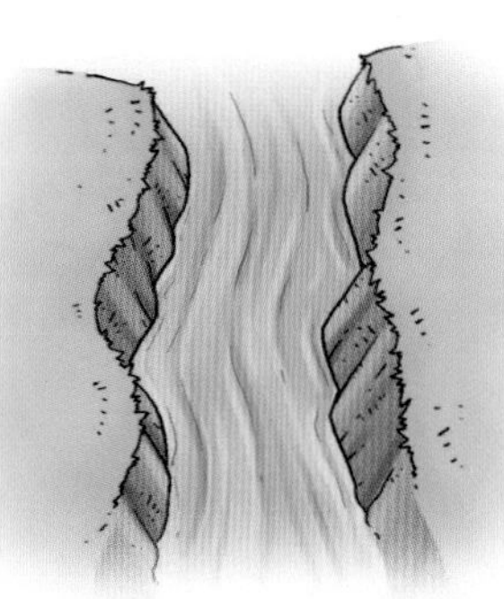

양쪽 둑 사이로 흐르는 냇물의 모양

내는 시내보다 크고 강보다는 작은 물줄기를 말합니다. 내의 종류나 동작과 관련되어 활용됩니다.

州 · 고을 주
巠 · 지하수 경 급외
巢 · 새집 소 2급
巡 · 순행할 순 3급Ⅱ

다음 부수를 필순에 맞게 써 보세요.

총 3획	川 川 川					
川	川	川	川	川	川	川
내 천	내 천	내 천	내 천	내 천	내 천	내 천

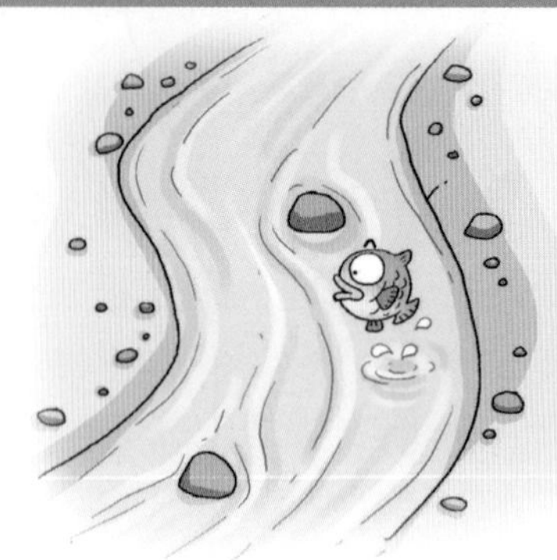

물이 흐르는 모양

물의 명칭이나 종류, 물이 놓인 장소와 관련되어 사용됩니다. 물의 성질이나 상태, 물의 움직임과 관련되어 활용됩니다.

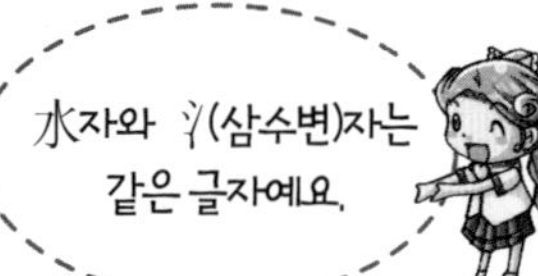

- 江·강 강
- 決·결단할 결
- 汽·물끓는김 기

- 洞·골 동
- 流·흐를 류
- 法·법 법

- 氷·얼음 빙
- 洗·씻을 세
- 消·사라질 소

- 洋·큰 바다 양
- 漁·고기 잡을 어
- 永·길 영

- 溫·따뜻할 온
- 浴·목욕할 욕
- 油·기름 유

- 注·부을 주
- 淸·맑을 청
- 河·물 하

- 漢·한수 한
- 海·바다 해
- 湖·호수 호

- 活·살 활

공부한 날

월 일 확인

다음 부수를 필순에 맞게 써 보세요.

총 4획	水 水 水 水					
水	水	水	水	水	水	水
물 수	물 수	물 수	물 수	물 수	물 수	물 수

Quiz!

1 나는 세계에서 제일 큰 바다입니다.

동쪽은 남·북아메리카, 서쪽은 동아시아·인도네시아·오스트레일리아,

남쪽은 남극대륙, 북쪽은 북극권으로 둘러싸여 있지요.

나는 세계 바다 면적의 반을 차지한답니다.

나는 무엇일까요?

2 나는 세계에서 제일 긴 강입니다.

아프리카 동북부를 흐르지요.

나는 고대 이집트 문명의 발상지랍니다.

나는 무엇일까요?

정답 : ① 태평양 ② 나일강

불이 활활 타오르는 모양

火

모든 것을 태워 없앨 만큼 뜨거운 불의 성질이나 현상과 관련된 것으로 활용됩니다. 火자가 글자의 발에 위치하면, '灬'로 변하고 '불화발'이라고 부릅니다.

火자와 灬 자는 같은 글자예요.

無·없을 무
然·그럴 연
熱·더울 열

災·재앙 재
炭·숯 탄

다음 부수를 필순에 맞게 써 보세요.

총 4획	火 火 火 火					
火	火	火	火	火	火	火
불 화	불 화	불 화	불 화	불 화	불 화	불 화

흙을 쌓아 올린 모양

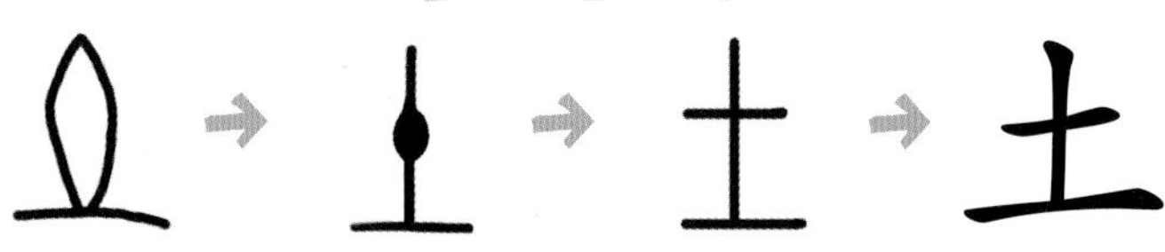

흙이나 땅, 장소나 터를 나타내는 글자에 활용됩니다.

基·터 기
壇·단 단
堂·집 당

場·마당 장
在·있을 재
地·땅 지

다음 부수를 필순에 맞게 써 보세요.

총 3획	土 土 土					
土	土	土	土	土	土	土
흙 토	흙 토	흙 토	흙 토	흙 토	흙 토	흙 토

공부한 날 월 일 확인

구름이나 김 같은 기운이
위로 희미하게 피어오르는 모습

三 → 气 → 气 → 气

구름이나 수증기, 안개와 같은 기체의 기운을 뜻합니다. 기운과 관련된 뜻으로 활용됩니다.

다음 부수를 필순에 맞게 써 보세요.

총 4획	气 气 气 气					
气	气	气	气	气	气	气
기운 기	기운 기	기운 기	기운 기	기운 기	기운 기	기운 기

하늘에서 내리는 빗방울 모양

⺌ → 雨 → 雨 → 雨

구름이나 이슬, 벼락, 안개 등 날씨와 관련되어 활용됩니다.

雪·눈 설	露·이슬 로 3급II
雲·구름 운	雷·우뢰 뢰 3급II
電·번개 전	霜·서리 상 3급II

 다음 부수를 필순에 맞게 써 보세요.

총 8획	雨 雨 雨 雨 雨 雨 雨 雨					
雨	雨	雨	雨	雨	雨	雨
비 우	비 우	비 우	비 우	비 우	비 우	비 우

해가 아침에 떠오르는 모양

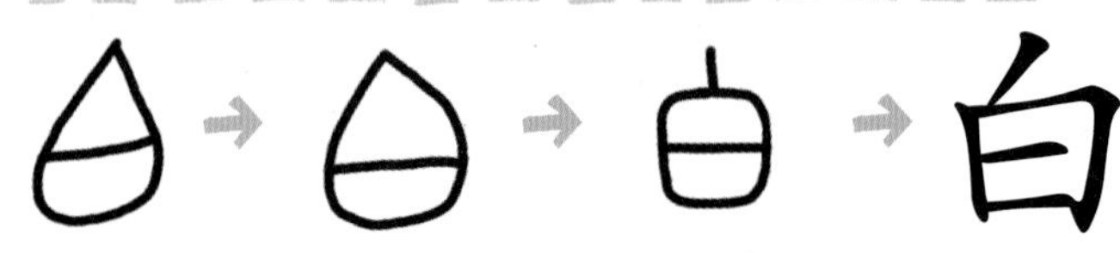

해가 세상을 환하게 비추는 데서 '희다'라는 뜻이 됩니다. 손톱의 하얀 부분, 촛불이 타는 모습, 도토리 모양이라는 주장도 있습니다. '희다, 밝다'라는 뜻으로 활용됩니다.

다음 부수를 필순에 맞게 써 보세요.

총 5획	白 白 白 白 白					
白	白	白	白	白	白	白
흰 백	흰 백	흰 백	흰 백	흰 백	흰 백	흰 백

꼼꼼다지기

月(달 월)에서 한 획을 없앤 모양으로 달이 서서히 보이기 시작하는 '저녁'을 뜻합니다. 저녁에 일어나는 일과 관련되어 활용됩니다.

다음 부수를 필순에 맞게 써 보세요.

총 3획	夕 夕 夕					
夕	夕	夕	夕	夕	夕	夕
저녁 석	저녁 석	저녁 석	저녁 석	저녁 석	저녁 석	저녁 석

01 확인학습

◎ [1~11] 다음 그림을 보고, 그에 해당하는 부수를 보기 에서 찾아 쓰세요.

보기

白 山 夕 水 雨 月 日 川 土 火 气

1.  →  →  →

2.  →  →  →

3. 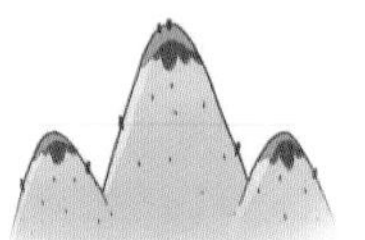 →  →  →

4. 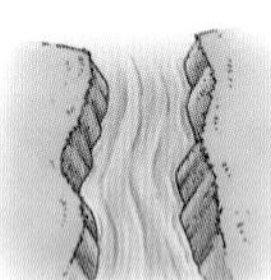 →  →

5. 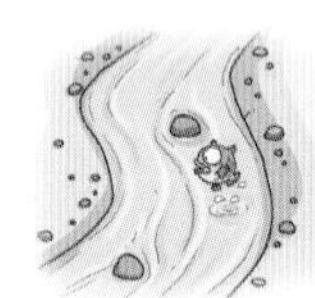 → → →

6.  → → →

7.  → → →

8.  → → →

9.

10.

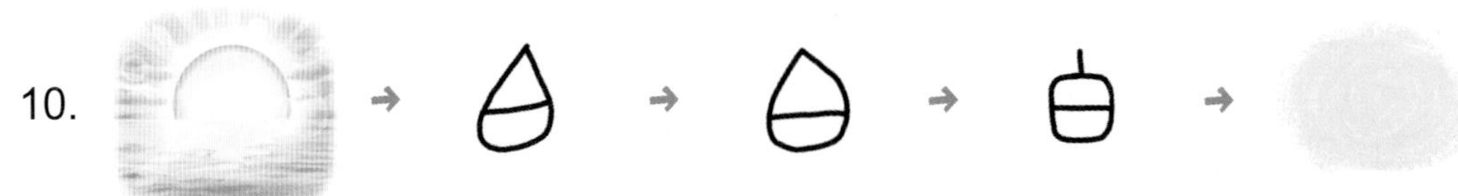

11.

◎ [12~22] 다음 부수의 훈과 음을 쓰세요.

12. 日 (　　　　　　)　　13. 月 (　　　　　　)

14. 山 (　　　　　　)　　15. 川 (　　　　　　)

16. 水 (　　　　　　)　　17. 火 (　　　　　　)

18. 土 (　　　　　　)　　19. 气 (　　　　　　)

20. 雨 (　　　　　　)　　21. 白 (　　　　　　)

22. 夕 (　　　　　　)

◎ [23~25] 다음 부수와 같은 한자를 보기에서 모두 찾아 쓰세요.

보기

灬　巛　示　氵　巜

23. 川 (　　　　　　)　　24. 水 (　　　　　　)

25. 火 (　　　　　　)

◎ [26~52] 다음 한자의 부수를 보기 에서 찾아 쓰세요.

보기

白 山 夕 水 雨 月 日 川 土 火 气

26. 江(강 강) [ ]

27. 期(기약할 기) [ ]

28. 氣(기운 기) [ ]

29. 基(터 기) [ ]

30. 多(많을 다) [ ]

31. 堂(집 당) [ ]

32. 島(섬 도) [ ]

33. 望(바랄 망) [ ]

34. 無(없을 무) [ ]

35. 百(일백 백) [ ]

36. 氷(얼음 빙) [ ]

37. 雪(눈 설) [ ]

38. 洗(씻을 세) [ ]

39. 夜(밤 야) [ ]

40. 熱(더울 열) [ ]

41. 外(바깥 외) [ ]

42. 雲(구름 운) [ ]

43. 有(있을 유) [ ]

44. 昨(어제 작) [ ]

45. 的(과녁 적) [ ]

46. 電(번개 전) [ ]

47. 朝(아침 조) [ ]

48. 州(고을 주) [ ]

49. 晝(낮 주) [ ]

50. 地(땅 지) [ ]

51. 春(봄 춘) [ ]

52. 炭(숯 탄) [ ]

공부한 날

월 일 확인

위가 터진 그릇 모양이라는 설도 있습니다. 구덩이나 움푹 들어간 것으로 활용됩니다.

급수박사 되기

出·날 출
凶·흉할 흉
凹·오목할 요 1급
函·함 함 1급

다음 부수를 필순에 맞게 써 보세요.

총 2획	凵 凵					
凵	凵	凵	凵	凵	凵	凵
입 벌릴 감	입 벌릴 감	입 벌릴 감	입 벌릴 감	입 벌릴 감	입 벌릴 감	입 벌릴 감

공부한 날

월 일 확인

층층이 진 산비탈 모습

계단처럼 층층이 진 산비탈 모양입니다. 언덕이나 언덕의 형태에서 '방어'의 뜻으로도 활용됩니다.

阜자와 阝자는 같은 글자예요. 阝자는 한자의 왼쪽에만 놓이므로 '좌부방'이라고 하지요. 만약 阝자가 오른쪽에 오면, 邑(고을 읍)자를 뜻하고, '우부방'이라고 불러요.

급수박사 되기

陸·뭍 륙	階·섬돌 계 4급
陽·볕 양	防·둑 방 4급Ⅱ
院·집 원	降·항복할 항 4급

다음 부수를 필순에 맞게 써 보세요.

총 8획	阜 阜 阜 阜 阜 阜 阜 阜					
阜	阜	阜	阜	阜	阜	阜
언덕 부	언덕 부	언덕 부	언덕 부	언덕 부	언덕 부	언덕 부

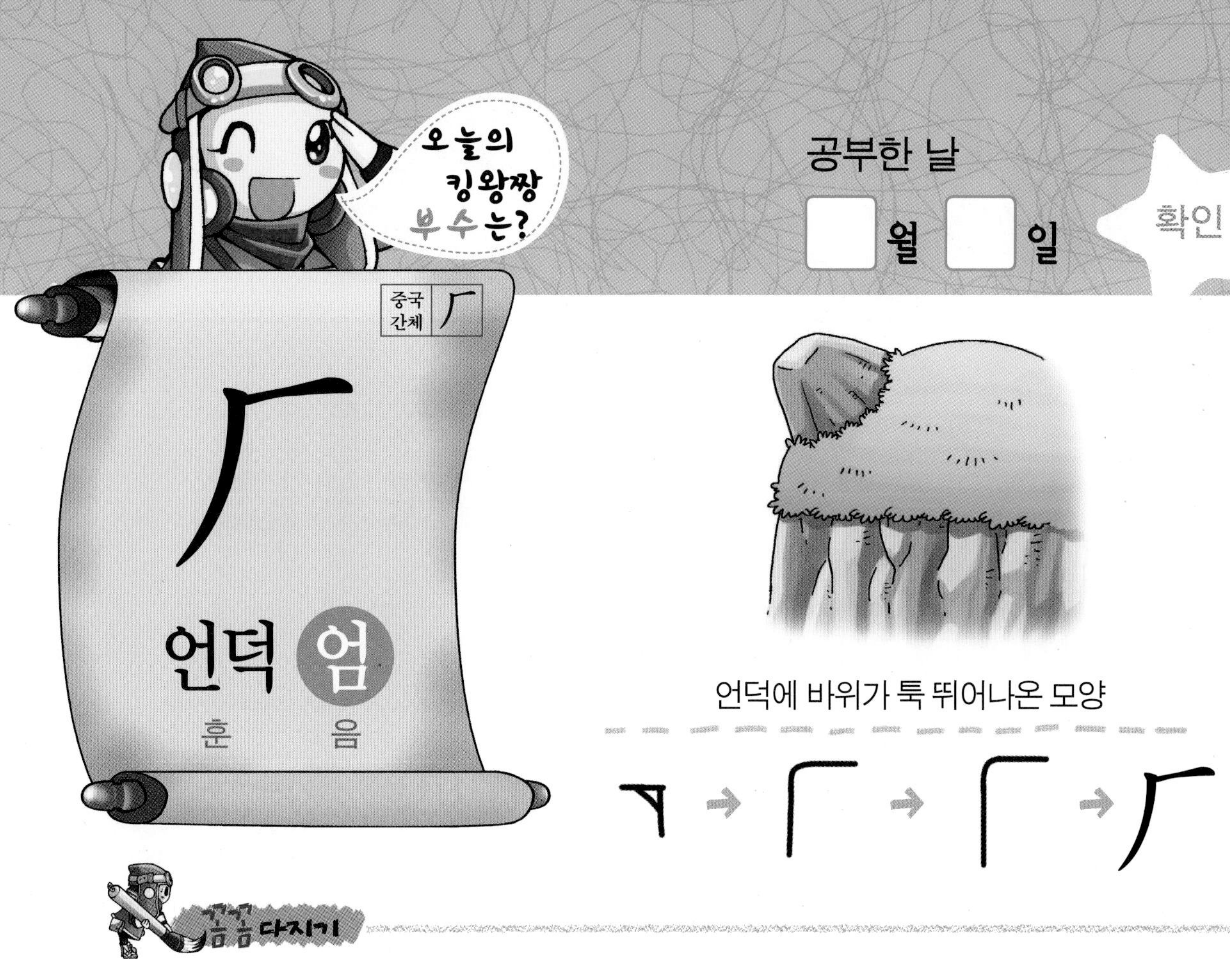

언덕에 바위가 툭 튀어나온 모양

꼼꼼 다지기

언덕에 툭 튀어나온 바위 모양을 그려 비바람을 피해 살 수 있는 집을 나타내기도 합니다.

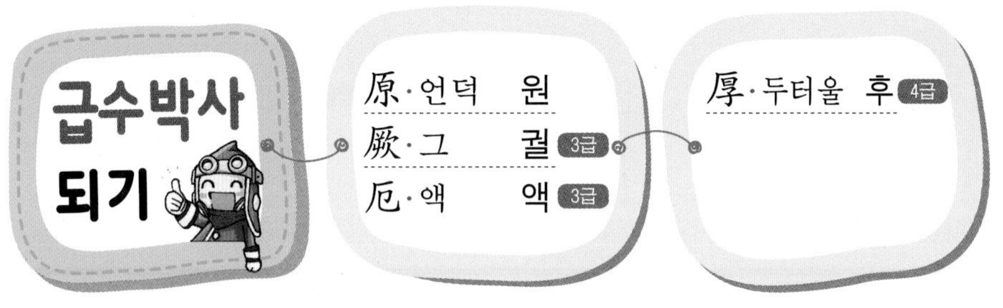

다음 부수를 필순에 맞게 써 보세요.

총 2획	厂 厂					
厂	厂	厂	厂	厂	厂	厂
집 엄	집 엄	집 엄	집 엄	집 엄	집 엄	집 엄

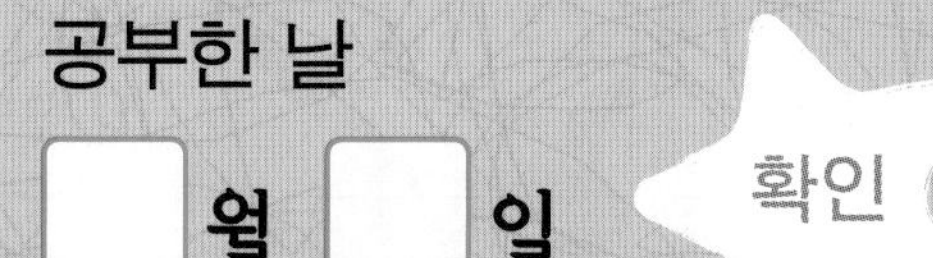

파헤쳐져 있는 굴의 모양

땅을 파헤쳐 집으로 사용할 수 있게 만든 '구멍'이나 '굴'을 뜻합니다. 한 곳을 계속 파헤치는 데서 '심오하다'라는 뜻으로도 활용됩니다.

다음 부수를 필순에 맞게 써 보세요.

총 5획	穴 穴 穴 穴 穴					
穴	穴	穴	穴	穴	穴	穴
구멍 혈	구멍 혈	구멍 혈	구멍 혈	구멍 혈	구멍 혈	구멍 혈

공부한 날

제물이 놓여 있는 제단 모양

示 → 示 → 示

제사를 지내기 위해 제단에 제물을 올려놓은 모양에서 신을 숭배하는 행동이나 길흉화복과 관련되어 활용됩니다.

示자와 礻자는 같은 글자예요.

禮·예도 례
福·복 복
社·모일 사

神·귀신 신
祖·할아비 조
祝·빌 축

다음 부수를 필순에 맞게 써 보세요.

총 5획	示 示 示 示 示					
示	示	示	示	示	示	示
보일 시	보일 시	보일 시	보일 시	보일 시	보일 시	보일 시

언덕과 그 아래 있는 돌의 모양

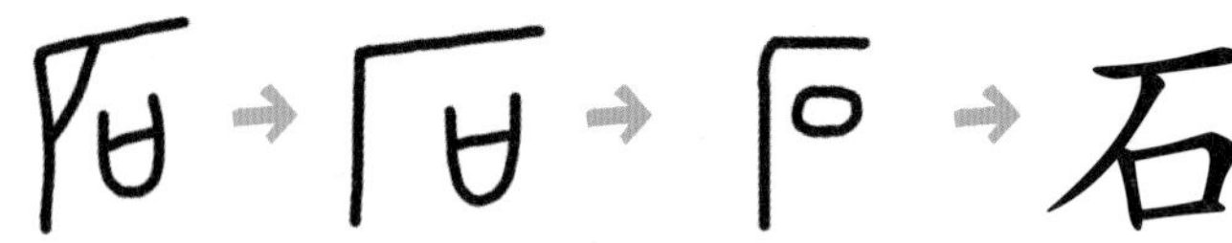

돌의 종류나 돌로 할 수 있는 것들로 활용됩니다. 더불어 硅(규소 규)와 같은 광물질 이름을 나타내는 한자에 들어가 활용됩니다.

硬·굳을 경 3급II
砂·모래 사 특급II
硏·갈 연 4급II

破·깨뜨릴 파 4급II
砲·대포 포 4급II
確·굳을 확 4급II

다음 부수를 필순에 맞게 써 보세요.

총 5획	石 石 石 石 石					
石	石	石	石	石	石	石
돌 석	돌 석	돌 석	돌 석	돌 석	돌 석	돌 석

공부한 날 월 일 확인

땅속에 묻혀 있는 금속 모양

金 → 金 → 金 → 金

처음에는 금속을 나타내다가 금속의 최고인 금의 뜻으로 바뀌었습니다. 금속의 종류나 금속의 성질과 관련되어 활용됩니다.

銀·은 은
鐵·쇠 철
釘·못 정 1급

針·바늘 침 4급

다음 부수를 필순에 맞게 써 보세요.

총 8획	金 金 金 金 金 金 金 金					
金	金	金	金	金	金	金
쇠 금	쇠 금	쇠 금	쇠 금	쇠 금	쇠 금	쇠 금

공부한 날

월 일

확인

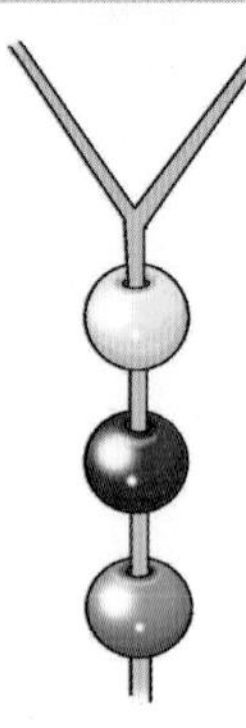

구슬을 실에 꿴 모양

丰 → 王 → 王 → 玉

옥이나 옥으로 만든 물건과 관련된 것으로 활용됩니다.

玉자와 王자는 같은 글자예요. 또, 글자의 왼쪽에 올 때는 王자 모양으로도 쓰여요.

球·공 구
理·다스릴 리
班·반 반

王·임금 왕
現·나타날 현
珍·보배 진 4급

다음 부수를 필순에 맞게 써 보세요.

총 5획	玉 玉 玉 玉 玉					
玉	玉	玉	玉	玉	玉	玉
구슬 옥	구슬 옥	구슬 옥	구슬 옥	구슬 옥	구슬 옥	구슬 옥

공부한 날

월 일 확인

조개껍데기 밖으로 조개 살이 나온 모양

→ → → 辰

이른 아침 샛별을 보며 조개껍데기를 들고 농사를 지으러 간 데서 별이나 조개를 뜻합니다. 옛날에 농사를 지을 때 조개를 사용한 데서 농사와 관련되어 활용됩니다.

다음 부수를 필순에 맞게 써 보세요.

총 7획	辰 辰 辰 辰 辰 辰 辰					
辰	辰	辰	辰	辰	辰	辰
별 진	별 진	별 진	별 진	별 진	별 진	별 진

공부한 날 월 일 확인

고드름 모양을 통해 얼음을 뜻합니다. 얼음의 성질과 관련되어 '차다, 얼다'의 의미로 활용됩니다.

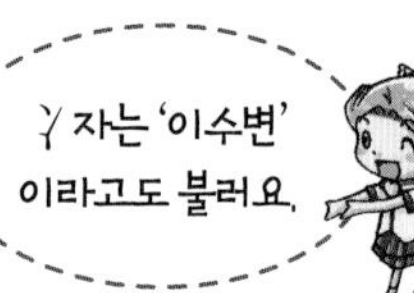

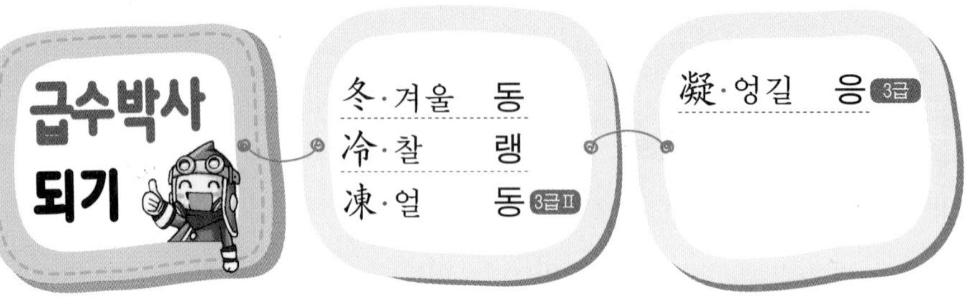

다음 부수를 필순에 맞게 써 보세요.

총 2획	丶 冫					
冫	冫	冫	冫	冫	冫	冫
얼음 빙	얼음 빙	얼음 빙	얼음 빙	얼음 빙	얼음 빙	얼음 빙

02 확인학습

[1~10] 다음 그림을 보고, 그에 해당하는 부수를 보기 에서 찾아 쓰세요.

보기

金 阜 石 示 玉 辰 冫 凵 厂 穴

1. → 凵 → 凵 →

2. → → → →

3. → → 厂 → 厂 →

4. → → 内 →

5. → 示 → 示 →

6. → → → →

7. → → → 金 →

8. → → 王 → 王 →

9. → → → →

10. → → → →

02 확인학습

◎ [11~20] 다음 부수의 훈과 음을 쓰세요.

11. 凵 (　　　　)　　12. 阜 (　　　　)

13. 厂 (　　　　)　　14. 穴 (　　　　)

15. 示 (　　　　)　　16. 石 (　　　　)

17. 金 (　　　　)　　18. 玉 (　　　　)

19. 辰 (　　　　)　　20. 冫 (　　　　)

◎ [21~22] 다음 부수와 같은 글자를 보기 에서 모두 찾아 쓰세요.

보기

亻 阝 礻 氵

21. 阜 (　　　　)　　22. 示 (　　　　)

◎ [23~40] 다음 한자의 부수를 보기 에서 찾아 쓰세요.

보기

金 阜 石 示 玉 辰 冫 凵 厂 穴

23. 空(빌 공) [　　]　　24. 農(농사 농) [　　]

25. 冬(겨울 동) [　　]　　26. 冷(찰 랭) [　　]

27. 禮(예도 례) [　　]　　28. 陸(뭍 륙) [　　]

29. 理(다스릴 리) [　　]　　30. 社(모일 사) [　　]

31. 陽(볕 양) [　　]　　32. 王(임금 왕) [　　]

33. 原(언덕 원) [　　]　　34. 院(집 원) [　　]

35. 銀(은 은) [　　]　　36. 祖(할아비 조) [　　]

37. 窓(창문 창) [　　]　　38. 鐵(쇠 철) [　　]

39. 出(날 출) [　　]　　40. 凶(흉할 흉) [　　]

동물을 보고 만들었어요

개와 물고기 같은 동물의 모습을 본떠 만든 부수입니다. 동물의 모습을 어떻게 한자로 표현했는지 상상하며 학습해 보세요.

犬 개 견	馬 말 마	羊 양 양	魚 물고기 어	牛 소 우
虍 범 호	貝 조개 패	隹 새 추	風 바람 풍	彡 터럭 삼
羽 깃 우	骨 뼈 골	角 뿔 각	肉 고기 육	歹 뼈 앙상할 알

앞발을 들고 있는 개의 모양

→ → → 犬

개나 개와 비슷한 짐승 또는 그런 짐승의 행동과 관련되어 활용됩니다.

犬자와 犭자는 같은 글자예요.

- 獨·홀로 독
- 犯·범할 범 4급
- 狀·형상 상 4급II
- 狐·여우 호 1급

다음 부수를 필순에 맞게 써 보세요.

총 4획	犬 犬 犬 犬					
犬	犬	犬	犬	犬	犬	犬
개 견	개 견	개 견	개 견	개 견	개 견	개 견

공부한 날 월 일 확인

갈기와 다리를 강조하여 그린 말의 모양

馬

말의 종류나 말과 비슷한 동물, 말의 행동이나 말과 관련된 동작 등으로 활용됩니다.

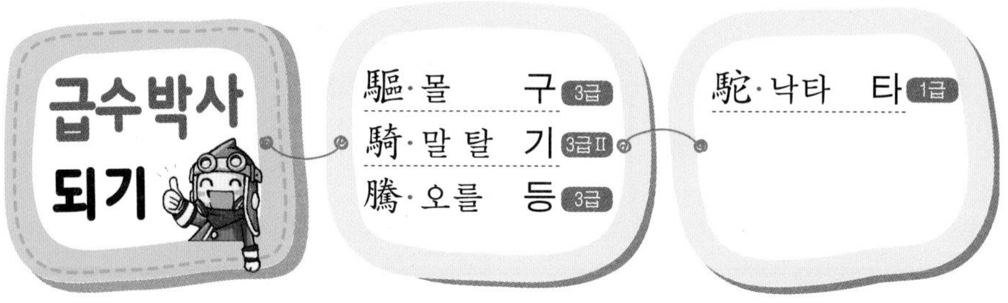

다음 부수를 필순에 맞게 써 보세요.

총 10획	馬	馬	馬	馬	馬	馬
馬	馬	馬	馬	馬	馬	馬
말 마	말 마	말 마	말 마	말 마	말 마	말 마

굽은 두 뿔을 강조한 양의 머리 모양

양의 순한 성질이나 특성과 관련되어 활용됩니다.

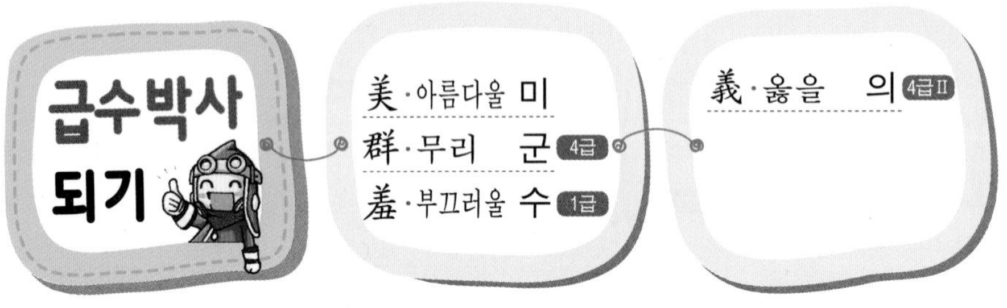

다음 부수를 필순에 맞게 써 보세요.

총 6획	羊 羊 羊 羊 羊 羊					
羊	羊	羊	羊	羊	羊	羊
양 양	양 양	양 양	양 양	양 양	양 양	양 양

공부한 날

월 일

확인

머리에서 꼬리까지 있는 물고기 전체 모양

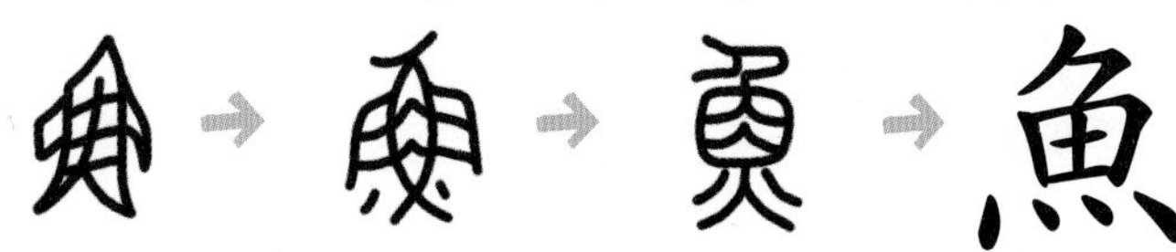

물속에 사는 물고기의 종류나 그와 관련된 것으로 활용됩니다.

鮮·고울 선
鯨·고래 경 1급
鰍·미꾸라지 추 1급

鮑·절인 물고기 포 2급

다음 부수를 필순에 맞게 써 보세요.

총 11획	魚 魚 魚 魚 魚 魚 魚 魚 魚 魚 魚					
魚	魚	魚	魚	魚	魚	魚
물고기 어	물고기 어	물고기 어	물고기 어	물고기 어	물고기 어	물고기 어

공부한 날

월 일

확인

소의 머리와 뿔을 그린 모양

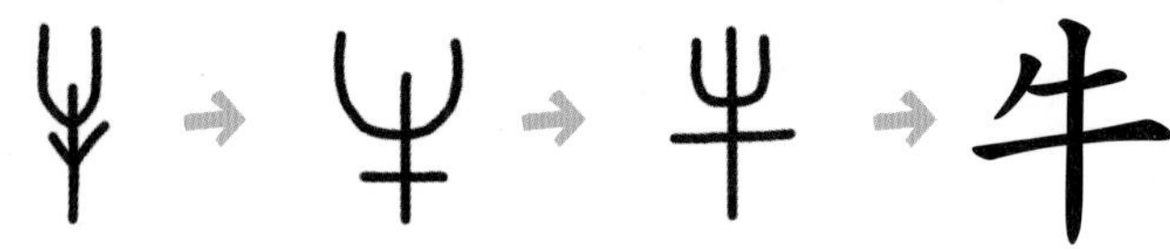

소의 종류나 사육과 관련되어 활용됩니다.

物·물건 물
特·특별할 특
牧·칠 목 4급Ⅱ

牲·희생 생 1급

다음 부수를 필순에 맞게 써 보세요.

총 4획	牛 牛 牛 牛					
牛	牛	牛	牛	牛	牛	牛
소 우	소 우	소 우	소 우	소 우	소 우	소 우

앞발을 들고 서 있는 호랑이 모양

'범'은 호랑이를 뜻하는 단어입니다. 호랑이와 관련되어 활용됩니다.

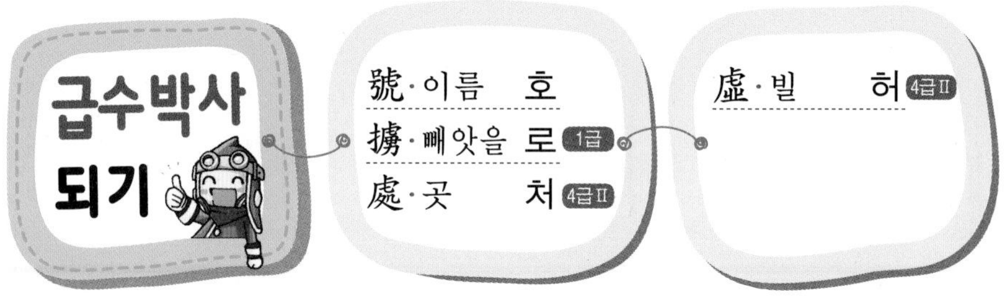

 다음 부수를 필순에 맞게 써 보세요.

총 6획	虍 虍 虍 虍 虍 虍					
虍	虍	虍	虍	虍	虍	虍
범 호	범 호	범 호	범 호	범 호	범 호	범 호

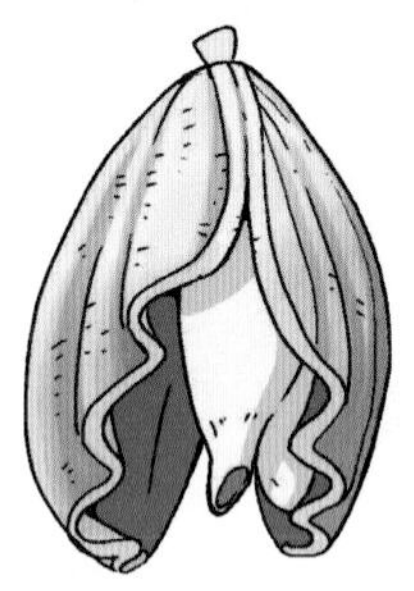

조개껍데기 밖으로 속살을 내민 조개 모양

옛날에 조개를 화폐로 사용한 데서 재물이나 유통과 관련된 의미로 활용됩니다.

貴·귀할 귀
買·살 매
賣·팔 매

費·쓸 비
賞·상줄 상
財·재물 재

貯·쌓을 저
質·바탕 질
責·꾸짖을 책

다음 부수를 필순에 맞게 써 보세요.

총 7획	貝	貝	貝	貝	貝	貝	貝
貝	貝	貝	貝	貝	貝	貝	
조개 패	조개 패	조개 패	조개 패	조개 패	조개 패	조개 패	

공부한 날 월 일 확인

꼬리가 짧은 새의 모양

→ → → 隹

새의 종류나 특성과 관련되어 활용됩니다.

雄·수컷 웅	雙·두 쌍 3급Ⅱ
集·모을 집	雌·암컷 자 2급
雖·비록 수 3급	雀·참새 작 1급

다음 부수를 필순에 맞게 써 보세요.

총 8획	隹 隹 隹 隹 隹 隹 隹 隹					
隹	隹	隹	隹	隹	隹	隹
새 추	새 추	새 추	새 추	새 추	새 추	새 추

03 확인학습

◎ [1~8] 다음 그림을 보고, 그에 해당하는 부수를 보기 에서 찾아 쓰세요.

보기

魚 牛 羊 犬 馬 隹 貝 虍

1. 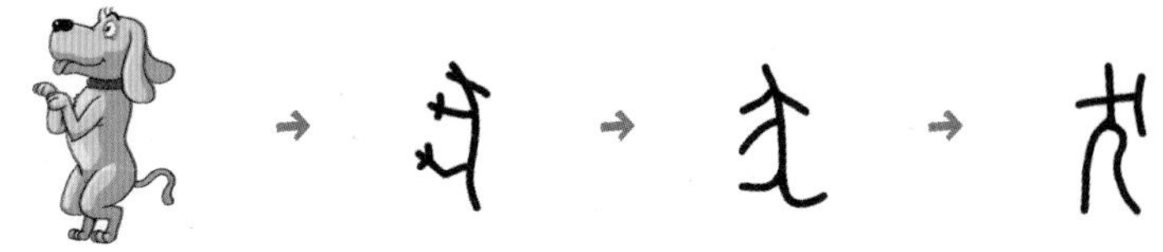 → → → →

2. 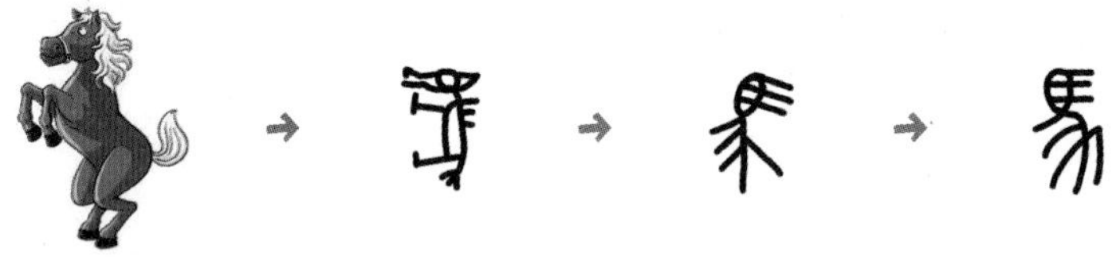 → → → →

3. 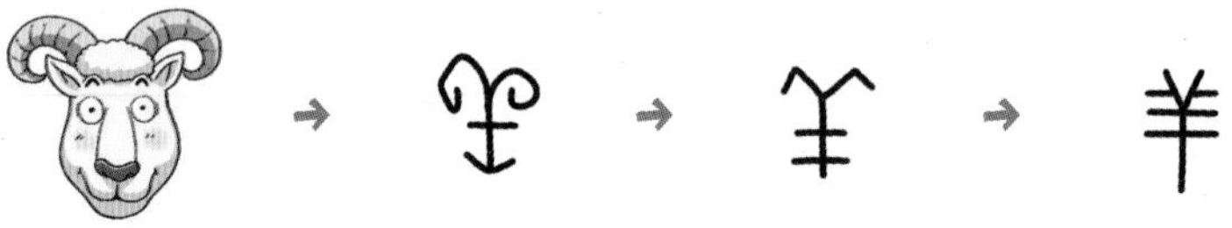 → → → →

4. 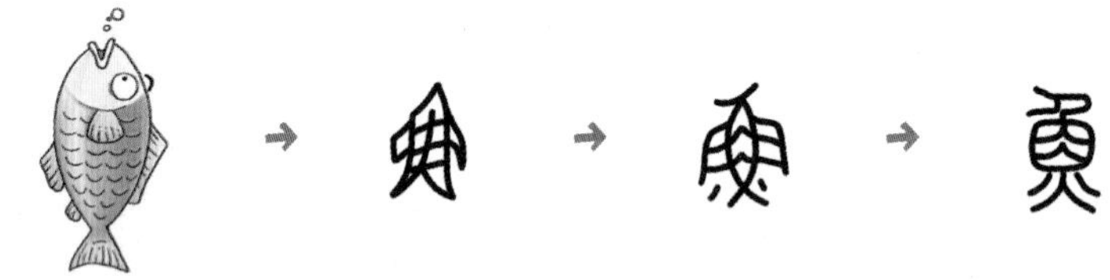 → → → →

5.  → → → →

6.  → → → →

7.  → → → →

8.  → → → →

◎ [9～16] 다음 부수의 훈과 음을 쓰세요.

9. 犬 (　　　　)　　10. 馬 (　　　　)

11. 羊 (　　　　)　　12. 魚 (　　　　)

13. 牛 (　　　　)　　14. 虍 (　　　　)

15. 貝 (　　　　)　　16. 隹 (　　　　)

◎ [17～18] 다음 부수와 같은 글자를 보기에서 모두 찾아 쓰세요.

보기

灬 示 犭 牜 扌

17. 犬 (　　　　)　　18. 牛 (　　　　)

◎ [19～30] 다음 한자의 부수를 보기에서 찾아 쓰세요.

보기

魚 牛 羊 犬 馬 隹 貝 虍

19. 貴(귀할 귀) [　　]　　20. 騎(말 탈 기) 3급Ⅱ [　　]

21. 獨(홀로 독) [　　]　　22. 物(물건 물) [　　]

23. 美(아름다울 미) [　　]　　24. 賞(상줄 상) [　　]

25. 鮮(고울 선) [　　]　　26. 雄(수컷 웅) [　　]

27. 財(재물 재) [　　]　　28. 集(모을 집) [　　]

29. 特(특별할 특) [　　]　　30. 號(이름 호) [　　]

공부한 날

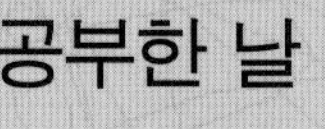

월 일

확인

바람이 부는 곳에 있는 벌레 모습

風

바람에 민감한 벌레를 그려 바람을 나타냅니다. 바람이나 바람의 성질과 관련되어 활용됩니다.

颺·날릴 양 특급
颭·물결 일 점 급외
颱·태풍 태 2급

飄·나부낄 표 1급

다음 부수를 필순에 맞게 써 보세요.

총 9획	風 風 風 風 風 風 風 風 風					
風	風	風	風	風	風	風
바람 풍	바람 풍	바람 풍	바람 풍	바람 풍	바람 풍	바람 풍

공부한 날

월 일

확인

터럭이 가지런히 나 있는 모양

터럭*을 가지런히 빗질한 모습에서 모양이나 무늬와 함께 '꾸미다'의 뜻으로도 활용됩니다.

形·모양 형
影·그림자 영 3급II
彫·새길 조 2급

彩·채색 채 3급II

다음 부수를 필순에 맞게 써 보세요.

총 3획	彡 彡 彡					
彡	彡	彡	彡	彡	彡	彡
터럭 삼	터럭 삼	터럭 삼	터럭 삼	터럭 삼	터럭 삼	터럭 삼

공부한 날

월 일

확인

새가 양 날개를 편 모습

새의 깃털 모양으로도 봅니다. 새의 깃털이나 날개, 깃으로 만든 물건 등과 관련되어 활용됩니다.

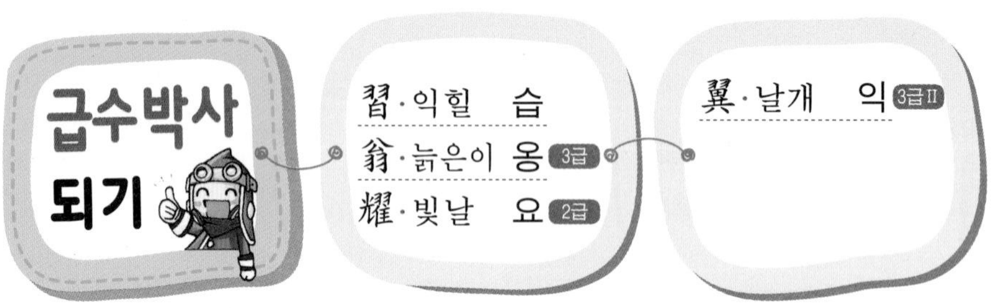

다음 부수를 필순에 맞게 써 보세요.

총 6획	羽 羽 羽 羽 羽 羽					
羽	羽	羽	羽	羽	羽	羽
깃 우	깃 우	깃 우	깃 우	깃 우	깃 우	깃 우

공부한 날 월 일 확인

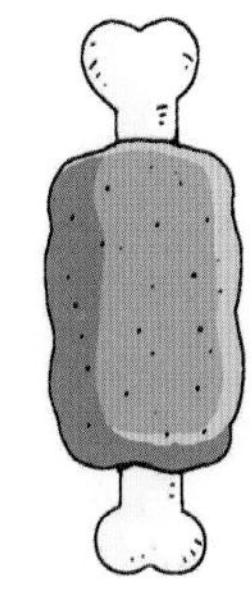

살이 붙어 있는 뼈의 모양

뼈와 관련된 신체 부위의 명칭이나 뼈로 만든 물건 등과 연관되어 활용됩니다.

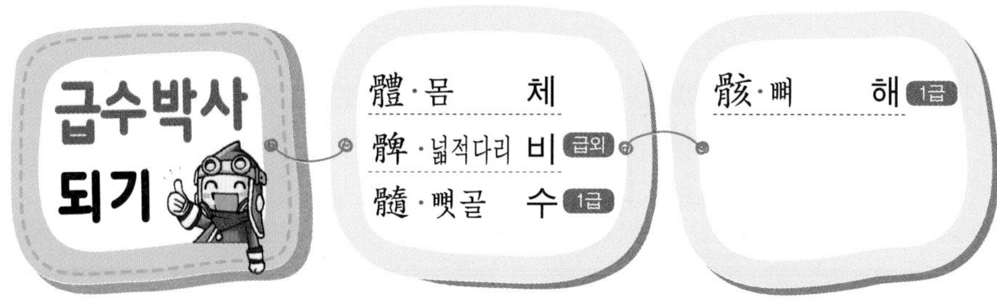

다음 부수를 필순에 맞게 써 보세요.

총 10획	骨 骨 骨 骨 骨 骨 骨 骨 骨 骨					
骨	骨	骨	骨	骨	骨	骨
뼈 골	뼈 골	뼈 골	뼈 골	뼈 골	뼈 골	뼈 골

공부한 날
월 일
확인

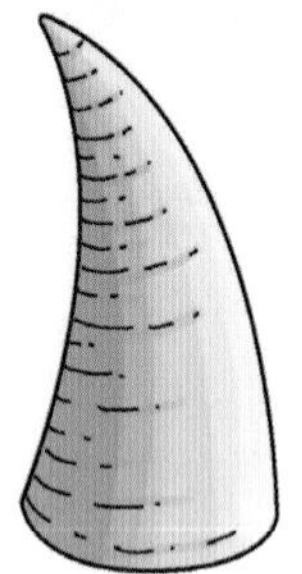

뿔과 뿔의 무늬를 나타낸 모양

뾰족한 뿔의 모양에서 '모서리', 동물들이 뿔로 싸우는 데서 '견주다, 싸우다'의 뜻으로도 쓰입니다.

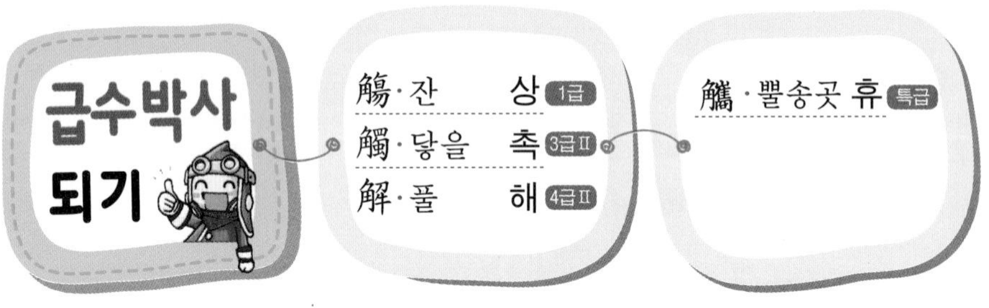

 다음 부수를 필순에 맞게 써 보세요.

총 7획	角	角	角	角	角	角	角
角	角	角	角	角	角	角	
뿔 각	뿔 각	뿔 각	뿔 각	뿔 각	뿔 각	뿔 각	

공부한 날

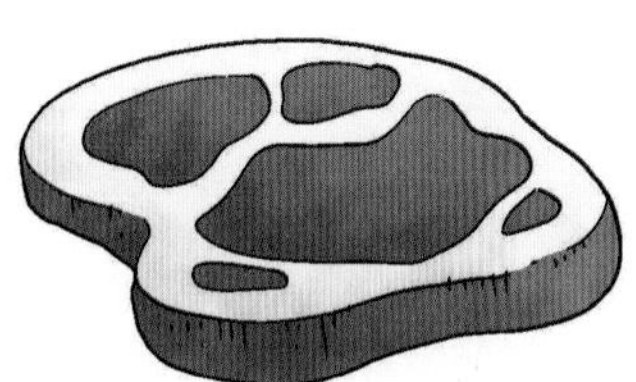

얇게 자른 고깃덩어리 모양

→ → → 肉

사람이나 동물의 각 부위나 상태 등으로 활용됩니다.

肉자와 月자는 같은 글자예요. 月(달 월)자와 모양이 비슷하지만 다른 글자이므로 '육달월'이라고 구별해서 읽어요.

급수박사 되기

- 能·능할 능
- 育·기를 육
- 脈·줄기 맥 4급II
- 腐·썩을 부 3급II

다음 부수를 필순에 맞게 써 보세요.

총 6획	肉 肉 肉 肉 肉 肉					
肉	肉	肉	肉	肉	肉	肉
고기 육	고기 육	고기 육	고기 육	고기 육	고기 육	고기 육

공부한 날

월 일 확인

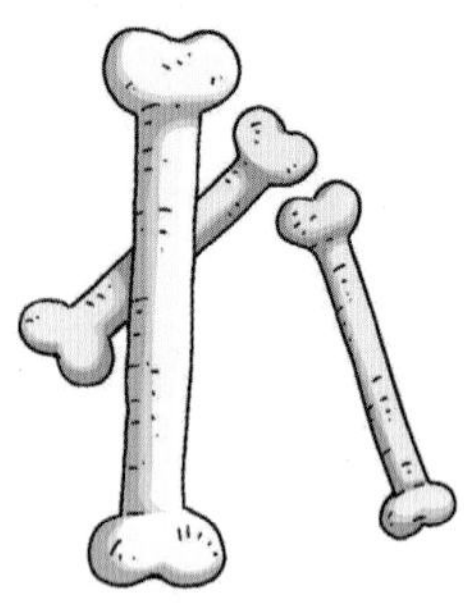

뼈만 앙상하게 남은 모양

살이 하나 없이 뼈만 앙상하게 남은 데에서 '죽음'이나 '재난'의 뜻으로 활용됩니다.

歹자와 歺자는 같은 글자예요.

급수박사 되기

- 死·죽을 사
- 殉·따라 죽을 순 3급
- 殃·재앙 앙 3급
- 殘·잔인할 잔 4급

다음 부수를 필순에 맞게 써 보세요.

총 4획	歹	歹	歹	歹		
歹	歹	歹	歹	歹	歹	歹
뼈 앙상할 알	뼈 앙상할 알	뼈 앙상할 알	뼈 앙상할 알	뼈 앙상할 알	뼈 앙상할 알	뼈 앙상할 알

04 확인학습

[1~7] 다음 그림을 보고, 그에 해당하는 부수를 보기 에서 찾아 쓰세요.

보기

角 骨 羽 肉 風 彡 歹

1.  → →  →

2.  → →  →

3.  →  → → →

4. 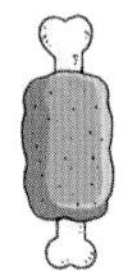 → →  →

5. 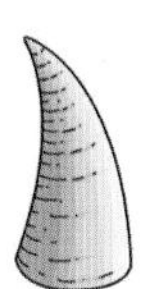 → → → →

6.  → → → →

7. 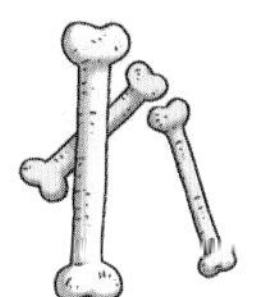 → → →

◎ [8~14] 다음 부수의 훈과 음을 쓰세요.

8. 風 (　　　　　)　　9. 彡 (　　　　　)

10. 羽 (　　　　　)　　11. 骨 (　　　　　)

12. 角 (　　　　　)　　13. 肉 (　　　　　)

14. 歹 (　　　　　)

◎ [15~22] 다음 한자의 부수를 보기 에서 찾아 쓰세요.

보기

角 骨 羽 肉 風 彡 歹

15. 能(능할 능) [　　]　　16. 死(죽을 사) [　　]

17. 習(익힐 습) [　　]　　18. 育(기를 육) [　　]

19. 體(몸 체) [　　]　　20. 颱(태풍 태) 2급 [　　]

21. 解(풀 해) 4급Ⅱ [　　]　　22. 形(모양 형) [　　]

식물을 보고 만들었어요

나무의 뿌리와 나뭇가지, 파릇파릇 돋아난 풀과 같은 식물의 모습을 본떠 만든 부수입니다. 실제 식물과 비교하며 학습해 보세요.

木 나무 목	生 날 생	靑 푸를 청	氏 성씨 씨	禾 벼 화
米 쌀 미	艸 풀 초	竹 대 죽	乙 새 을	

나무의 나뭇가지와 뿌리를 그린 모양

나무의 종류나 나무로 만든 물건, 나무의 성질과 관련되어 활용됩니다.

格·격식 격
果·실과 과
橋·다리 교

校·학교 교
根·뿌리 근
東·동녘 동

樂·즐길 락
李·오얏 리
林·수풀 림

末·끝 말
朴·성 박
本·근본 본

查·조사할 사
束·묶을 속
樹·나무 수

植·심을 식
案·책상 안
業·업 업

材·재목 재
村·마을 촌
板·널 판

공부한 날

월 일

확인

다음 부수를 필순에 맞게 써 보세요.

총 4획	木 木 木 木					
木	木	木	木	木	木	木
나무 목	나무 목	나무 목	나무 목	나무 목	나무 목	나무 목

Quiz!

1 나는 우리나라에서 제일 높은 산입니다.

함경도와 만주 사이에 위치하며, 높이는 2,744m이지요.

산 정상에는 칼데라 호인 천지가 있답니다.

나는 무엇일까요?

2 나는 세계에서 제일 높은 산입니다.

네팔과 티베트 사이에 위치하며, 높이는 8,848m이지요.

세계 최초로 이 산을 오른 사람은 영국의 존 헌트(1953년)이고,

우리나라에서는 고상돈이 1977년에 등반에 처음으로 성공했답니다.

나는 무엇일까요?

정답 : ① 백두산 ② 에베레스트 산

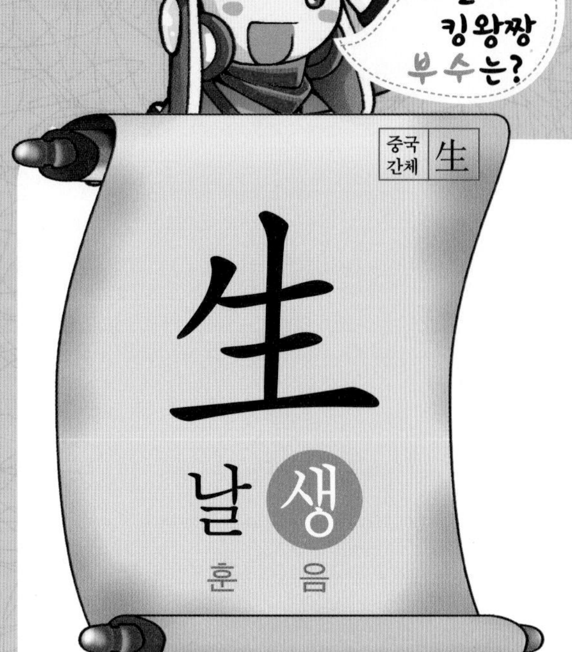

공부한 날

월 일

확인

초목의 싹이 땅위로 새로 돋아 나온 모양

초목*이 땅에서 나와 자라는 모습으로 '생겨나다, 자라다'를 뜻합니다. 출산이나 생명과 관련된 것으로도 활용됩니다.

産 · 낳을 산
甥 · 생질 생 1급
甦 · 깨어날 소 1급

*생질 : 누이의 아들을 일컬음.

다음 부수를 필순에 맞게 써 보세요.

총 5획	生 生 生 生 生					
生	生	生	生	生	生	生
날 생	날 생	날 생	날 생	날 생	날 생	날 생

공부한 날

월 일 확인

우물 옆에 있는 초목의 모습

青

우물 옆의 초목이 다른 곳에 있는 초목보다 푸른색을 띠는 데서 '푸르다' 라는 뜻이 되었습니다.

青자와 青자는 같은 글자예요.

- 靜 · 고요할 정 4급
- 靖 · 편안할 정 1급
- 靚 · 단장할 정 특급
  - 靝 · 하늘 천 급외

다음 부수를 필순에 맞게 써 보세요.

총 8획	青 青 青 青 青 青 青 青					
青	青	青	青	青	青	青
푸를 청	푸를 청	푸를 청	푸를 청	푸를 청	푸를 청	푸를 청

공부한 날

나무의 뿌리 모양

나무처럼 하나의 뿌리를 갖고 있는 씨족*을 의미합니다.

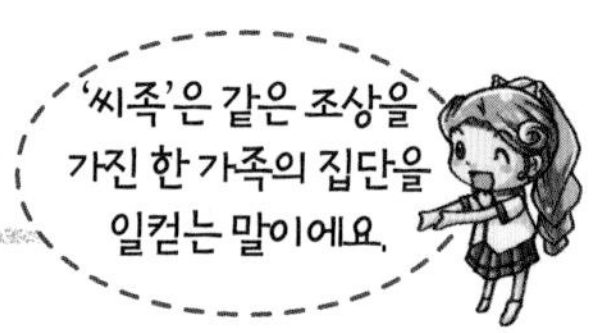

民·백성 민
氓·백성 맹 특급Ⅱ
氐·근본 저 특급

다음 부수를 필순에 맞게 써 보세요.

총 4획	氏 氏 氏 氏					
氏	氏	氏	氏	氏	氏	氏
성씨 씨	성씨 씨	성씨 씨	성씨 씨	성씨 씨	성씨 씨	성씨 씨

공부한 날 월 일 확인

벼가 이삭을 드리운 모양

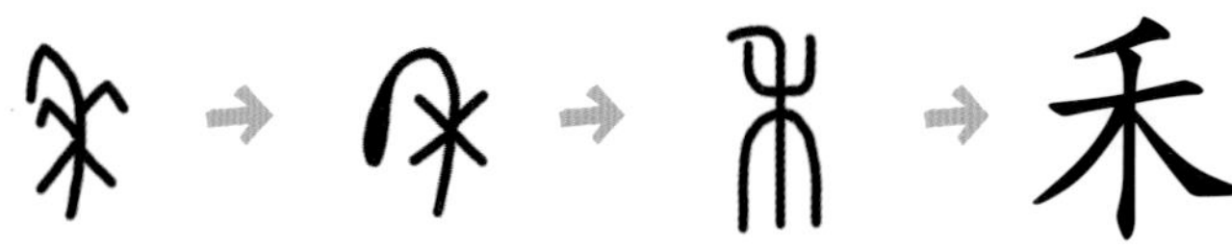

곡물이나 수확, 세금과 관련된 것으로 활용됩니다.

科·과목 과	稿·볏짚 고 3급Ⅱ
種·씨 종	稅·세금 세 4급Ⅱ
秋·가을 추	程·한도 정 4급Ⅱ

다음 부수를 필순에 맞게 써 보세요.

총 5획	禾 禾 禾 禾 禾					
禾	禾	禾	禾	禾	禾	禾
벼 화	벼 화	벼 화	벼 화	벼 화	벼 화	벼 화

공부한 날

월 일

확인

벼의 이삭을 그린 모양

그릇 안에 들어 있는 쌀알의 모습이라고도 합니다. 禾(벼 화)가 이삭을 나타내었다면 米(쌀 미)는 도정* 한 곡물을 의미합니다.

'도정'은 곡식을 찧거나 찧은 후 속껍질을 벗겨 깨끗하게 만드는 걸 뜻해요.

糖 · 엿 당 3급Ⅱ	精 · 정할 정 4급Ⅱ
糧 · 양식 량 4급	
粉 · 가루 분 4급	

다음 부수를 필순에 맞게 써 보세요.

총 6획	米 米 米 米 米 米					
米	米	米	米	米	米	米
쌀 미	쌀 미	쌀 미	쌀 미	쌀 미	쌀 미	쌀 미

공부한 날

월 일

확인

중국 간체 艸

艸

풀 초

훈 음

두 포기의 풀 모양

줄기가 약한 풀이나 풀의 각 부분과 관련되어 활용됩니다.

苦·쓸 고
落·떨어질 락
萬·일만 만

藥·약 약
葉·잎 엽
英·꽃부리 영

草·풀 초
花·꽃 화

다음 부수를 필순에 맞게 써 보세요.

총 6획						
艸	艸	艸	艸	艸	艸	艸
풀 초	풀 초	풀 초	풀 초	풀 초	풀 초	풀 초

공부한 날 월 일 확인

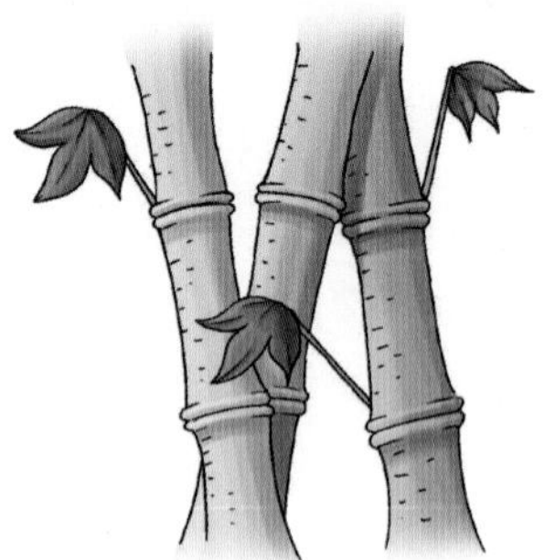

대나무와 대나무 잎을 그린 모양

대나무나 대나무로 만든 물건과 관련된 글자에 활용됩니다. 옛날에는 종이가 매우 귀해 종이 대신 대나무를 사용한 데서 문서와 관련되어 활용됩니다.

答·대답 답	節·마디 절
等·무리 등	第·차례 제
算·셈 산	筆·붓 필

다음 부수를 필순에 맞게 써 보세요.

총 6획	竹 竹 竹 竹 竹 竹					
竹	竹	竹	竹	竹	竹	竹
대 죽	대 죽	대 죽	대 죽	대 죽	대 죽	대 죽

공부한 날

월 일 확인

새싹이 새의 모습처럼 구부러져 나온 모양

새의 부리와 가슴 꼬리를 본뜬 글자라는 이야기도 있습니다.
주로 굽은 모양과 관련되어 활용됩니다.

- 九 · 아홉 구
- 亂 · 어지러울 란 4급
- 也 · 잇달을 야 3급
- 乳 · 젖 유 4급

다음 부수를 필순에 맞게 써 보세요.

총 1획	乙					
乙	乙	乙	乙	乙	乙	乙
새 을	새 을	새 을	새 을	새 을	새 을	새 을

05 확인학습

◎ [1~9] 다음 그림을 보고, 그에 해당하는 부수를 보기 에서 찾아 쓰세요.

보기

木 米 生 氏 乙 竹 青 艸 禾

1.  → → → →

2.  → → → →

3.  → → → →

4.  → → → →

5.  → → → →

6.  → → → →

7.  → → →

8.  → → →

9.  → → → →

[10~18] 다음 부수의 훈과 음을 쓰세요.

10. 木 (　　　　　)　　11. 生 (　　　　　)

12. 靑 (　　　　　)　　13. 氏 (　　　　　)

14. 禾 (　　　　　)　　15. 米 (　　　　　)

16. 艸 (　　　　　)　　17. 竹 (　　　　　)

18. 乙 (　　　　　)

[19~21] 다음 부수와 같은 글자를 보기 에서 모두 찾아 쓰세요.

보기

靑 艹 灬 示 ⺌ 乚

19. 靑 (　　　　　)　　20. 乙 (　　　　　)

21. 艸 (　　　　　)

[22~37] 다음 한자의 부수를 보기 에서 찾아 쓰세요.

보기

木 米 生 氏 乙 竹 靑 艸 禾

22. 科(과목 과) [　　]　　23. 果(실과 과) [　　]

24. 校(학교 교) [　　]　　25. 九(아홉 구) [　　]

26. 東(동녘 동) [　　]　　27. 等(무리 등) [　　]

28. 糧(양식 량) 4급 [　　]　　29. 萬(일만 만) [　　]

30. 民(백성 민) [　　]　　31. 產(낳을 산) [　　]

32. 算(셈 산) [　　]　　33. 節(마디 절) [　　]

34. 種(씨 종) [　　]　　35. 草(풀 초) [　　]

36. 秋(가을 추) [　　]　　37. 花(꽃 화) [　　]

한자 쉽게 빨리 외우는 방법

마을에 있는 것을 보고 만들었어요

마을에 있는 밭이나 집, 집 안에 있는 실이나 여러 가지 도구 등을 본떠 만든 부수입니다. 옛날 사람들의 생활을 상상하며 부수를 학습해 보세요.

里 마을 리	田 밭 전	舟 배 주	車 수레 거	戶 문 호
宀 집 면	广 집 엄	高 높을 고	門 문 문	亠 돼지해머리 두
用 쓸 용	糸 실 사			

공부한 날

월 일 확인

밭과 흙이 있는 마을 모양

마을의 의미와 함께 '거리의 단위'로도 사용됩니다. 1리는 약 0.393km를 나타냅니다.

다음 부수를 필순에 맞게 써 보세요.

총 7획	里 里 里 里 里 里 里					
里	里	里	里	里	里	里
마을 리	마을 리	마을 리	마을 리	마을 리	마을 리	마을 리

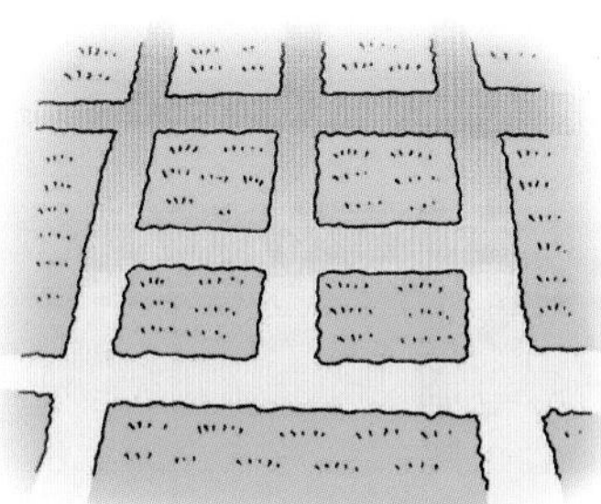

농작물을 기르는 밭의 모양

그물이나 망 모양이라는 주장도 있어 '사냥하다'라는 의미로도 쓰입니다. 농지, 경작, 사냥의 뜻으로 활용됩니다.

界·지경 계	番·차례 번
男·사내 남	由·말미암을 유
當·마땅 당	畫·그림 화

다음 부수를 필순에 맞게 써 보세요.

총 5획	田 田 田 田 田					
田	田	田	田	田	田	田
밭 전	밭 전	밭 전	밭 전	밭 전	밭 전	밭 전

공부한 날

월 일 확인

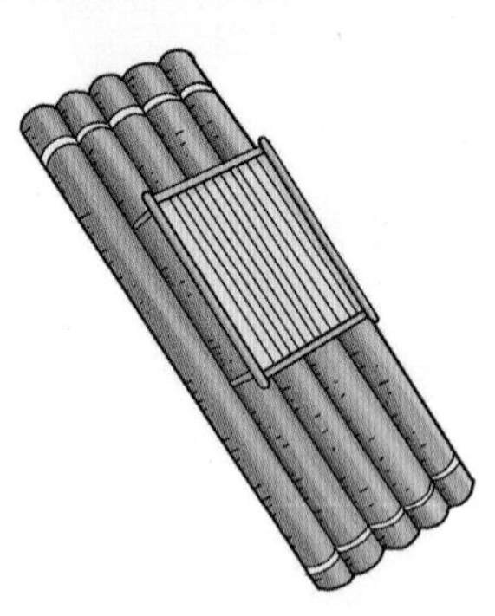

통나무를 가지런히 엮어 만든 뗏목 모양

배의 종류나 배의 기능과 관련되어 활용됩니다. 배가 물위를 떠다니는 것처럼 비행기도 하늘을 떠다니는 것으로 여겨 비행기와 관련해서도 활용됩니다.

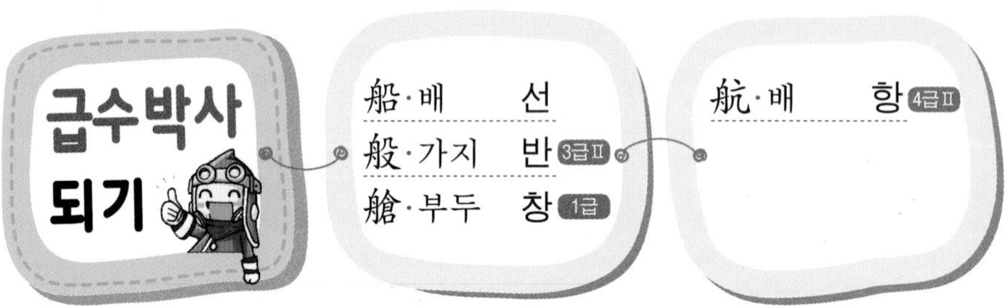

다음 부수를 필순에 맞게 써 보세요.

총 6획	舟 舟 舟 舟 舟 舟					
舟	舟	舟	舟	舟	舟	舟
배 주	배 주	배 주	배 주	배 주	배 주	배 주

공부한 날

월 일 확인

수레의 종류나 이동할 때의 동작이나 상태와 관련되어 활용됩니다.
'수레 차'로도 읽습니다.

輕 · 가벼울 경

軍 · 군사 군

軌 · 바퀴 자국 궤 3급

載 · 실을 재 3급Ⅱ

총 7획	車 車 車 車 車 車 車					
車	車	車	車	車	車	車
수레 거	수레 거	수레 거	수레 거	수레 거	수레 거	수레 거

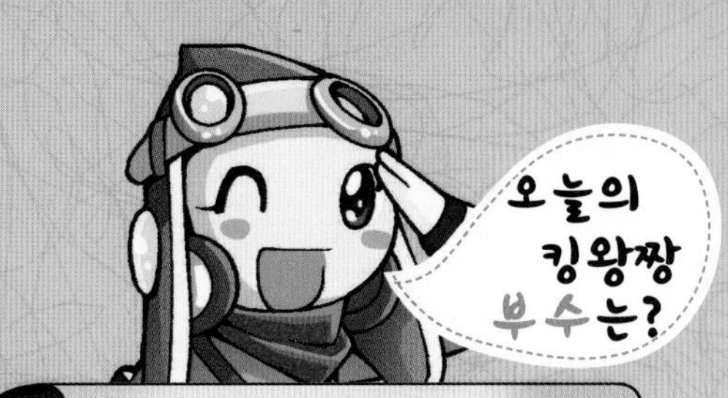

오늘의 킹왕짱 부수는?

공부한 날 월 일 확인

중국 간체 户

戶

문 호

훈 음

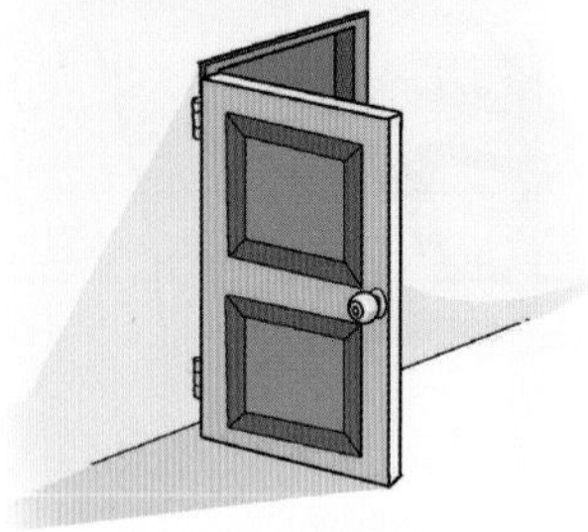

한쪽 문의 모양

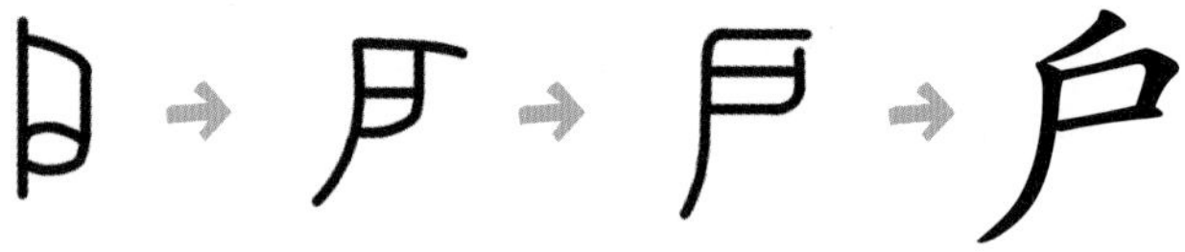

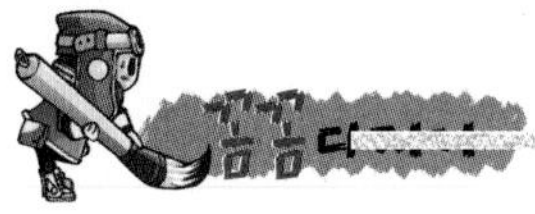

여닫이문을 본뜬 모양입니다. 문이나 집과 관련되어 활용됩니다.

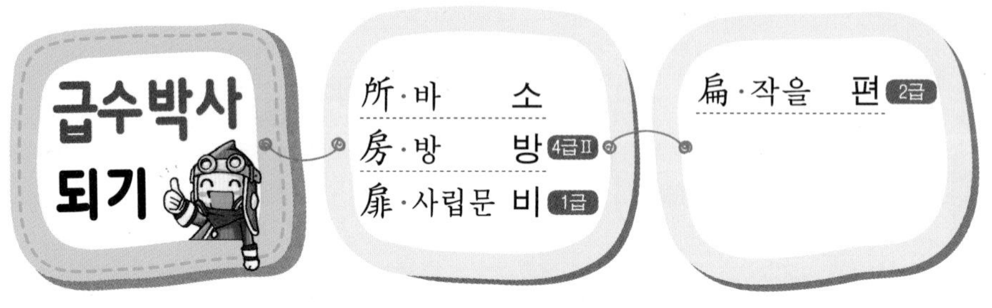

다음 부수를 필순에 맞게 써 보세요.

총 4획	戶	戶	戶	戶		
戶	戶	戶	戶	戶	戶	戶
문 호	문 호	문 호	문 호	문 호	문 호	문 호

공부한 날 월 일 확인

지붕이 있는 집의 모양

집의 종류나 상태와 관련되어 활용됩니다. 항상 글자의 위에 사용되어 '갓머리'라고도 부릅니다.

家·집 가
客·손 객
寫·베낄 사

宿·잘 숙
實·열매 실
室·집 실

安·편안 안
完·완전할 완
定·정할 정

宅·집 택
寒·찰 한
害·해할 해

 다음 부수를 필순에 맞게 써 보세요.

총 3획	宀 宀 宀					
宀	宀	宀	宀	宀	宀	宀
집 면	집 면	집 면	집 면	집 면	집 면	집 면

옆에서 본 집의 모양

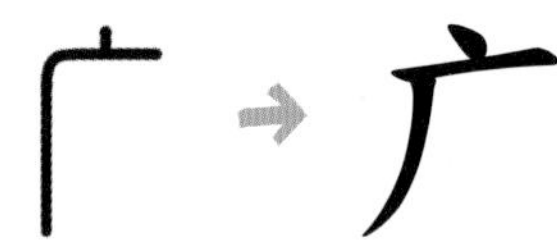

옛날 사람들이 살던 움집* 모양으로 주로 작고 허름한 집을 나타냅니다. 건축물과 관련되어 활용됩니다.

*'움집'은 땅을 파고 그 위에 벽 없이 짚이나 풀로 지붕만 씌운 집을 가리켜요.

廣·넓을 광
度·법도 도
序·차례 서

店·가게 점
庭·뜰 정

다음 부수를 필순에 맞게 써 보세요.

총 3획	广 广 广					
广	广	广	广	广	广	广
집 엄	집 엄	집 엄	집 엄	집 엄	집 엄	집 엄

공부한 날

월 일

확인

높은 건축물을 나타낸 모양

사방을 바라볼 수 있도록 높이 지은 건물의 모습입니다.

高·원두막 경 급외
髚·높을 고 급외
髛·밝을 고 급외
髝·큰 머리 고 급외

다음 부수를 필순에 맞게 써 보세요.

총 10획	高 高 高 高 高 高 高 高 高 高					
高	高	高	高	高	高	高
높을 고	높을 고	높을 고	높을 고	높을 고	높을 고	높을 고

공부한 날

월 일 확인

좌우에 달린 문이 닫혀 있는 모양

䦧 → 𠁷 → 門 → 門

문의 종류나 문과 관련된 행위로 활용됩니다.

間·사이 간	閉·닫을 폐 4급
開·열 개	閑·한가할 한 4급
關·관계할 관	

다음 부수를 필순에 맞게 써 보세요.

총 8획	門 門 門 門 門 門 門 門					
門	門	門	門	門	門	門
문 문	문 문	문 문	문 문	문 문	문 문	문 문

지붕이 높이 솟은 모양

산마루 제단에 놓인 돼지머리라는 주장도 있습니다. 높이 솟은 지붕이나 제단에 있는 돼지머리가 하늘과 제일 가까이 있는 데서 '높다'라는 뜻이 됩니다. 하지만 부수로 활용될 때는 특별한 뜻을 갖지 않습니다.

京·서울 경
交·사귈 교
亡·망할 망

亦·또 역 3급Ⅱ
亭·정자 정 3급Ⅱ

다음 부수를 필순에 맞게 써 보세요.

총 2획	亠 亠					
亠	亠	亠	亠	亠	亠	亠
돼지해머리 두	돼지해머리 두	돼지해머리 두	돼지해머리 두	돼지해머리 두	돼지해머리 두	돼지해머리 두

공부한 날

월 일 확인

나무를 엮어 만든 도구 모양

막대기를 걸어 두던 선반이나 물건을 담아 두는 용기입니다. 필요할 때마다 꺼내 쓴다는 데서 '쓰다'의 뜻이 됩니다.

다음 부수를 필순에 맞게 써 보세요.

총 5획	用 用 用 用 用					
用	用	用	用	用	用	用
쓸 용	쓸 용	쓸 용	쓸 용	쓸 용	쓸 용	쓸 용

공부한 날 월 일

확인

실타래 모양

실이나 끈을 나타냅니다. 실이나 끈으로 만든 물건이나 그와 연관된 행동으로 활용됩니다.

結·맺을 결	練·익힐 련	約·맺을 약
級·등급 급	綠·푸를 록	終·마칠 종
給·줄 급	線·줄 선	紙·종이 지

다음 부수를 필순에 맞게 써 보세요.

총 6획	糸 糸 糸 糸 糸 糸					
糸	糸	糸	糸	糸	糸	糸
실 사	실 사	실 사	실 사	실 사	실 사	실 사

06 확인학습

[1～12] 다음 그림을 보고, 그에 해당하는 부수를 보기 에서 찾아 쓰세요.

보기

高 里 門 糸 广 用 田 舟 亠 車 戶 宀

1.  → → → 里 →

2. 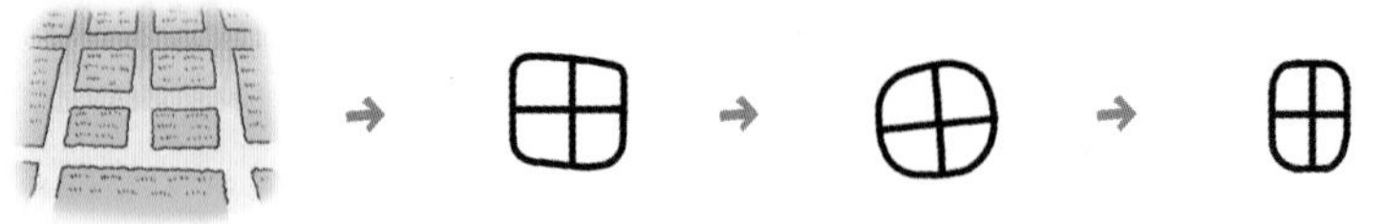 → → → 田 →

3.  → → → →

4. 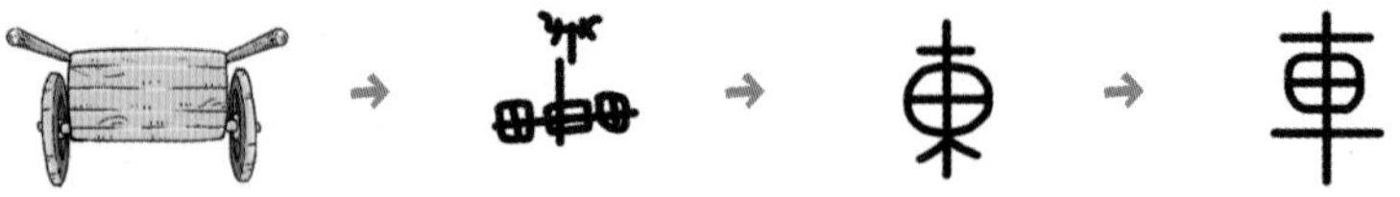 → → 東 → 車 →

5.  → → → →

6.  → → → →

7.  → →

8.  → → → 高 →

9. 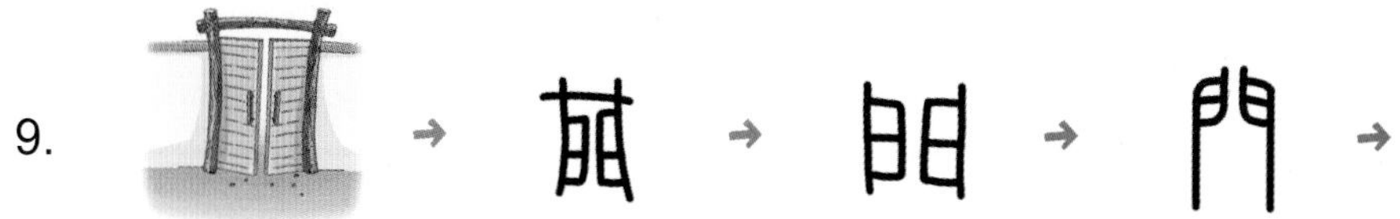

10. 

11. 

12.

◎ [13~24] 다음 부수의 훈과 음을 쓰세요.

13. 里 (　　　　　)　　14. 田 (　　　　　)

15. 舟 (　　　　　)　　16. 車 (　　　　　)

17. 户 (　　　　　)　　18. 宀 (　　　　　)

19. 广 (　　　　　)　　20. 高 (　　　　　)

21. 門 (　　　　　)　　22. 亠 (　　　　　)

23. 用 (　　　　　)　　24. 糸 (　　　　　)

◎ [25~26] 다음 부수와 같은 글자를 보기에서 모두 찾아 쓰세요.

보기

阝 车 辶 髙

25. 車 (　　　　　)　　26. 高 (　　　　　)

06 확인학습

◎ [27~51] 다음 한자의 부수를 보기 에서 찾아 쓰세요.

보기

高 里 門 糸 广 用 田 舟 亠 車 戶 宀

27. 界(지경 계) [ ]
28. 家(집 가) [ ]
29. 間(사이 간) [ ]
30. 開(열 개) [ ]
31. 輕(가벼울 경) [ ]
32. 京(서울 경) [ ]
33. 關(관계할 관) [ ]
34. 廣(넓을 광) [ ]
35. 交(사귈 교) [ ]
36. 軍(군사 군) [ ]
37. 給(줄 급) [ ]
38. 男(사내 남) [ ]
39. 量(헤아릴 량) [ ]
40. 綠(푸를 록) [ ]
41. 亡(망할 망) [ ]
42. 線(줄 선) [ ]
43. 船(배 선) [ ]
44. 所(바 소) [ ]
45. 室(집 실) [ ]
46. 安(편안 안) [ ]
47. 野(들 야) [ ]
48. 店(가게 점) [ ]
49. 庭(뜰 정) [ ]
50. 重(무거울 중) [ ]
51. 畫(그림 화) [ ]

생각을 담아 만들었어요

숫자처럼 모양을 본떠 만들 수 없는 글자를 모양 대신 그 의미를 담아 표현한 부수입니다. 생각을 글자로 표현한 옛사람들의 지혜를 느끼며 학습해 보세요.

一	二	八	十	丨
한 일	두 이	여덟 팔	열 십	뚫을 곤
小	邑	冂	匸	囗
작을 소	고을 읍	멀 경	감출 혜	에울 위

공부한 날

월 일 확인

선 하나를 가로로 그어 하나를 나타낸 모습

'하나'라는 뜻과 함께 '처음이나 시작, 기준'의 의미로 활용됩니다.

不·아닐 불
三·석 삼
上·윗 상

世·인간 세
七·일곱 칠
下·아래 하

다음 부수를 필순에 맞게 써 보세요.

총 1획	一					
一	一	一	一	一	一	一
한 일	한 일	한 일	한 일	한 일	한 일	한 일

선 두 개를 가로로 그어 둘을 나타낸 모양

위의 '一'은 하늘을, 아래의 '一'은 땅을 의미한다는 설도 있습니다. 부수로 활용될 때는 특별한 뜻을 갖지 않습니다.

다음 부수를 필순에 맞게 써 보세요.

총 2획	一 二					
二	二	二	二	二	二	二
두 이	두 이	두 이	두 이	두 이	두 이	두 이

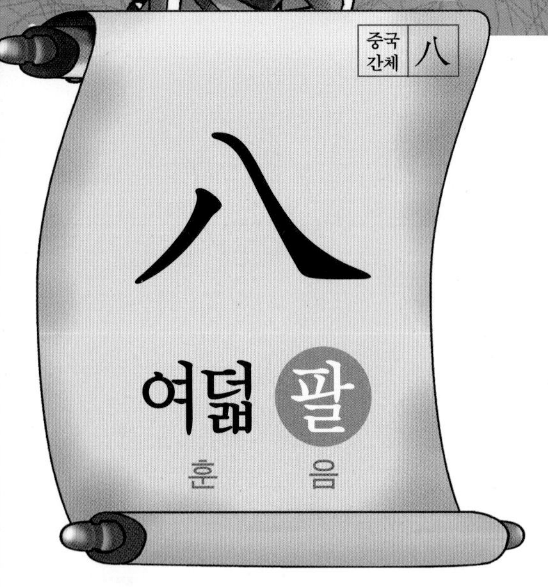

어떤 사물이 서로 등지고 갈라선 모양

)(→ 儿 →)(→ 八

사물이 서로 등지고 갈라진 모양에서 '등지다, 갈라지다, 분별하다'의 뜻이 됩니다.

公·공평할 공	六·여섯 륙
共·한가지 공	兵·병사 병
具·갖출 구	典·법 전

다음 부수를 필순에 맞게 써 보세요.

총 2획	八 八					
八	八	八	八	八	八	八
여덟 팔	여덟 팔	여덟 팔	여덟 팔	여덟 팔	여덟 팔	여덟 팔

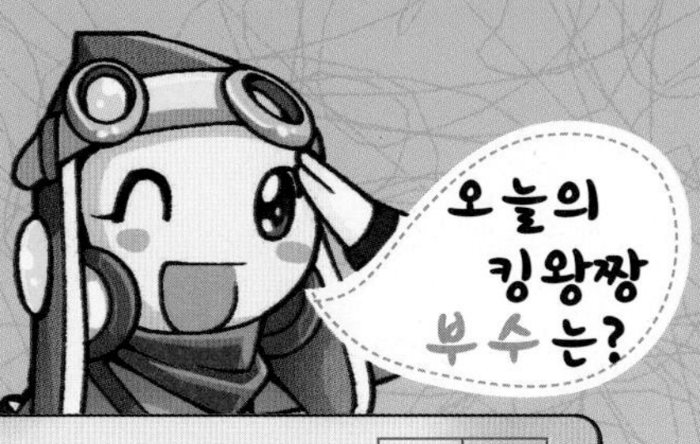

오늘의 킹왕짱 부수는?

공부한 날 월 일 확인

중국 간체 十

十

열 십

훈 음

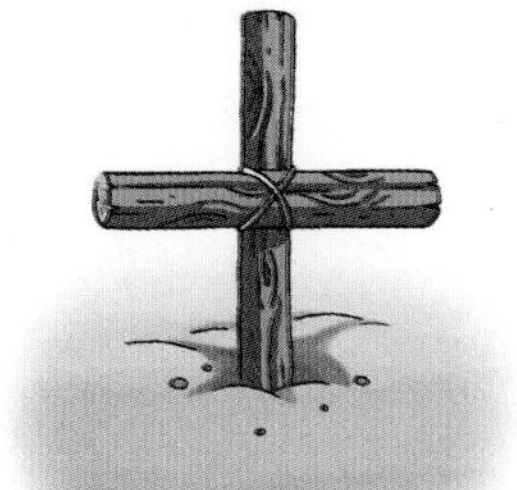

동서남북과 중앙이 모두 갖추어진 완전한 수를 나타낸 모양

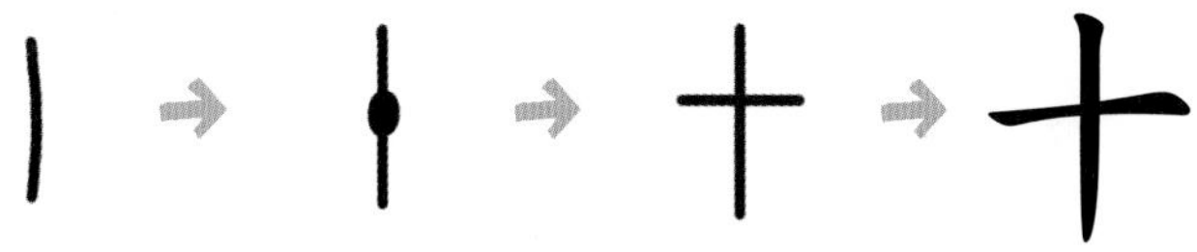

꼼꼼 다지기

위와 아래, 왼쪽과 오른쪽이 합쳐진 데서 '두루, 널리, 많은, 모든'의 뜻을 갖습니다.
또한 많거나 여럿이란 의미로 숫자 열을 나타내기도 합니다.

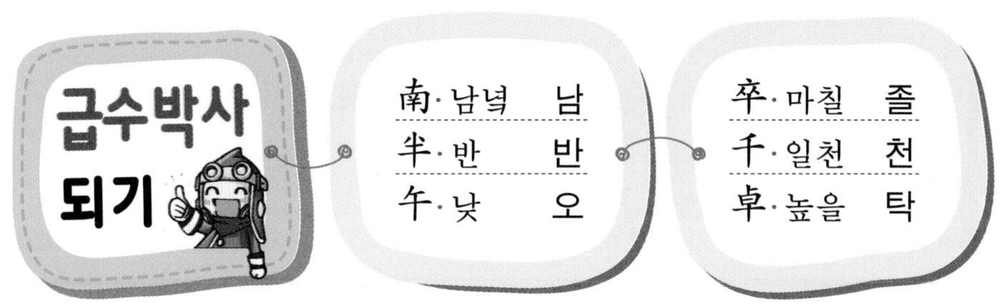

다음 부수를 필순에 맞게 써 보세요.

총 2획	一 十					
十	十	十	十	十	十	十
열 십	열 십	열 십	열 십	열 십	열 십	열 십

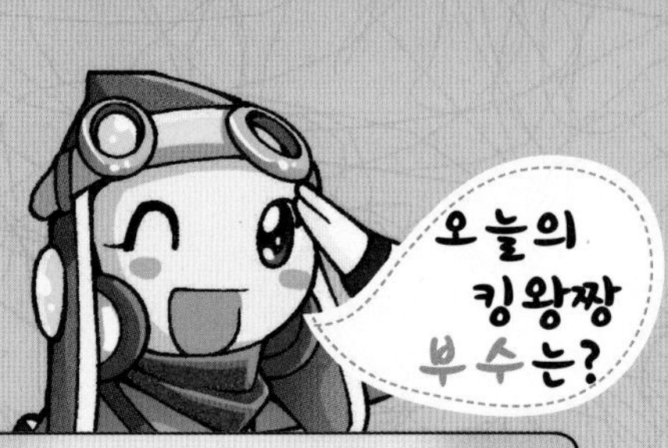

오늘의 킹왕짱 부수는?

공부한 날 월 일 확인

중국 간체 丨

丨

뚫을 곤

훈 음

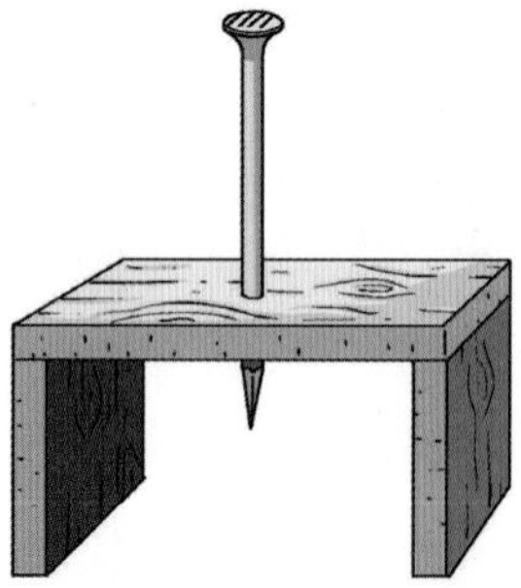

위에서 아래로 뚫는 모습

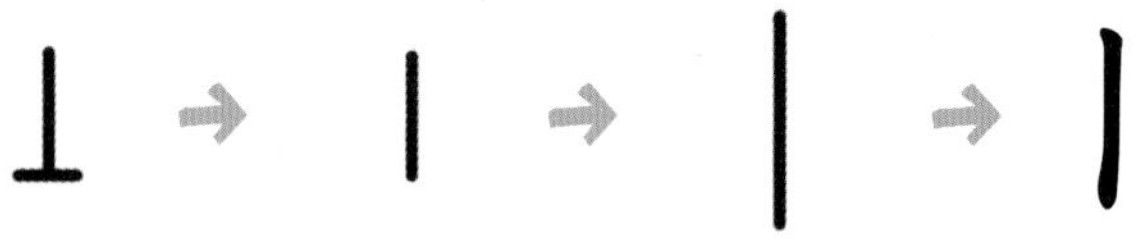

꼼꼼 다지기

위에서 아래로 뚫는다는 데에서 '관통하다'라는 뜻으로 쓰입니다.

다음 부수를 필순에 맞게 써 보세요.

총 1획	丨					
丨	丨	丨	丨	丨	丨	丨
뚫을 곤	뚫을 곤	뚫을 곤	뚫을 곤	뚫을 곤	뚫을 곤	뚫을 곤

공부한 날 월 일 확인

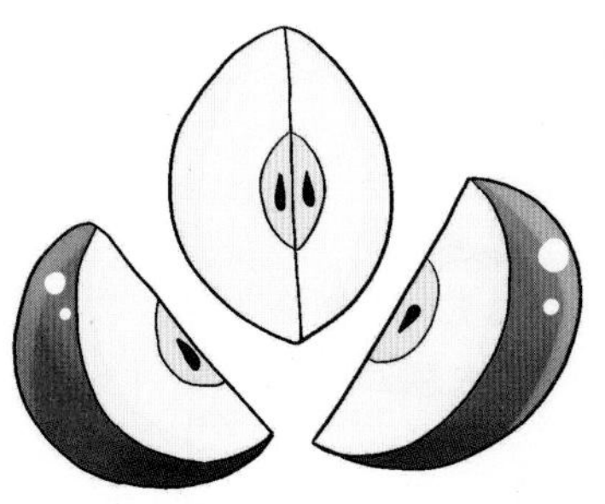

작은 물체를 더 작게 나눈 모양

小 → 小 → 小 → 小

모래처럼 작은 물건을 본뜬 글자라는 설도 있습니다.

- 少 · 적을 소
- 尙 · 오히려 상 3급Ⅱ
- 尖 · 뾰족할 첨 3급

다음 부수를 필순에 맞게 써 보세요.

총 3획	小 小 小					
小	小	小	小	小	小	小
작을 소	작을 소	작을 소	작을 소	작을 소	작을 소	작을 소

공부한 날

월 일 확인

경계가 있는 장소에 사람이 앉아 있는 모습

邑

지역이나 지방과 관련되어 활용됩니다.

邑자와 阝자는 같은 글자예요. 阝자는 한자의 오른쪽에만 오기 때문에 '우부방'이라고 하지요. 만약 阝이 왼쪽에 오면, 阜(언덕 부) 자랍니다.

郡·고을 군
都·도읍 도
部·떼 부

郭·둘레 곽 3급
邦·나라 방 3급
鄕·시골 향 4급II

다음 부수를 필순에 맞게 써 보세요.

총 7획	邑 邑 邑 邑 邑 邑 邑					
邑	邑	邑	邑	邑	邑	邑
고을 읍	고을 읍	고을 읍	고을 읍	고을 읍	고을 읍	고을 읍

공부한 날 월 일 확인

멀리까지 이어진 길에 가로선으로 경계를 표시한 모양

부수로 활용될 때는 '멀다'의 의미를 갖지 않는 경우도 있습니다.

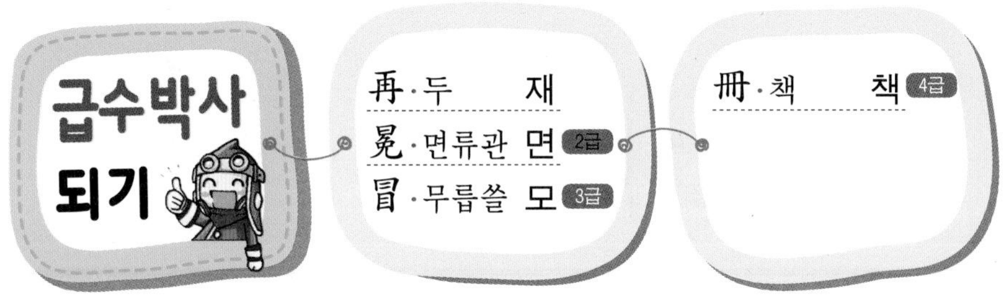

 다음 부수를 필순에 맞게 써 보세요.

총 2획	冂 冂					
冂	冂	冂	冂	冂	冂	冂
멀 경	멀 경	멀 경	멀 경	멀 경	멀 경	멀 경

공부한 날

월 일

확인

중국 간체 匸

匸

감출 혜

훈 음

위를 덮어 물건을 감춘 모양

𠃊 → 匸

물건을 감춘 모양에서 '감추다, 숨기다'의 뜻을 지닙니다. 匚(상자 방)자와 모양이 비슷하므로 유의해야 합니다.

다음 부수를 필순에 맞게 써 보세요.

총 2획	一 匸					
匸	匸	匸	匸	匸	匸	匸
감출 혜	감출 혜	감출 혜	감출 혜	감출 혜	감출 혜	감출 혜

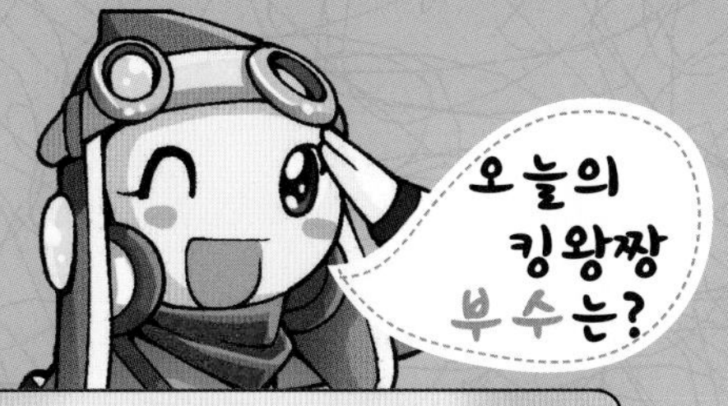

오늘의 킹왕짱 부수는?

공부한 날 월 일 확인

중국 간체 囗

囗

에울 위

훈 음

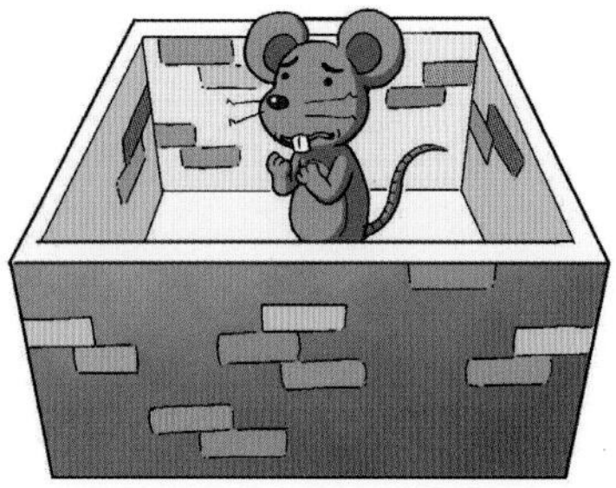

담으로 에워싼 모양

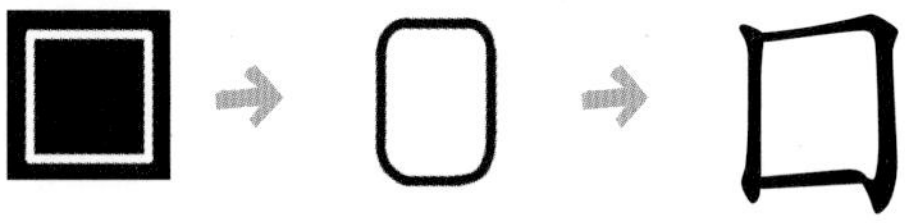

꼼꼼 다지기

'둘러싸다'는 뜻과 함께 외적으로부터 국민들을 에워 보호하는 데서 '나라'의 뜻으로도 활용됩니다.

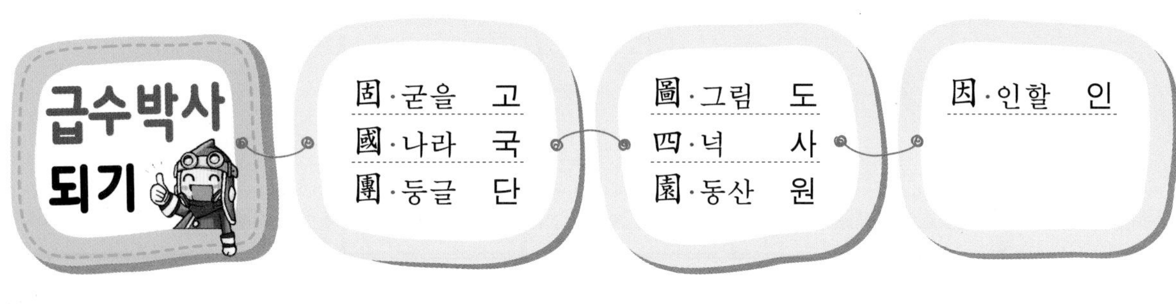

다음 부수를 필순에 맞게 써 보세요.

총 3획	囗 囗 囗					
囗	囗	囗	囗	囗	囗	囗
에울 위	에울 위	에울 위	에울 위	에울 위	에울 위	에울 위

07 확인학습

◎ [1~10] 다음 그림을 보고, 그에 해당하는 부수를 보기에서 찾아 쓰세요.

보기

小 十 邑 二 一 丨 冂 匸 口 八

1. → 一 → 一 → 一 →

2.  → 二 → 二 → 二 →

3.  → → → →

4.  → 丨 → → 十 →

5. → → 丨 → 丨 →

6.  → → → →

7.  → → → →

8.  → → → →

9.  → →

10.  → → →

◎ [11~20] 다음 부수의 훈과 음을 쓰세요.

11. 一 (　　　　　)　　12. 二 (　　　　　)

13. 八 (　　　　　)　　14. 十 (　　　　　)

15. 丨 (　　　　　)　　16. 小 (　　　　　)

17. 邑 (　　　　　)　　18. 冂 (　　　　　)

19. 匸 (　　　　　)　　20. 口 (　　　　　)

◎ [21~41] 다음 한자의 부수를 보기 에서 찾아 쓰세요.

보기

小 十 邑 二 一 丨 冂 匸 口 八

21. 公(공평할 공) [　　]　　22. 區(구분할 구) [　　]

23. 國(나라 국) [　　]　　24. 郡(고을 군) [　　]

25. 南(남녘 남) [　　]　　26. 六(여섯 륙) [　　]

27. 都(도읍 도) [　　]　　28. 半(반 반) [　　]

29. 兵(병사 병) [　　]　　30. 部(떼 부) [　　]

31. 四(넉 사) [　　]　　32. 三(석 삼) [　　]

33. 上(윗 상) [　　]　　34. 少(적을 소) [　　]

35. 五(다섯 오) [　　]　　36. 園(동산 원) [　　]

37. 再(두 재) [　　]　　38. 典(법 전) [　　]

39. 中(가운데 중) [　　]　　40. 千(일천 천) [　　]

41. 七(일곱 칠) [　　]

권말 부록

차곡차곡 한자기초 쌓기

한자(漢字)의 3요소

한자는 사물(事物)이나 개념(槪念)을 하나의 글자로 나타낸 뜻 글자입니다. 따라서, 각각의 한자는 모양〔形〕과 소리〔音〕와 뜻〔義〕을 가지고 있습니다.

모양〔字形〕	소리〔字音〕	뜻〔字義〕
天	천	하늘
地	지	땅
人	인	사람

육서(六書)

한자(漢字)를 만들고 활용(活用)하는 여섯 가지 방법을 '육서'라고 합니다.

1 상형(象形) : 사물의 모양을 본떠서 만든 것

예

➡ 日(날 일) : 해의 모양을 본뜬 글자

➡ 山(메 산) : 산의 모양을 본뜬 글자

2 지사(指事) : 일정한 형태가 없는 생각이나 의미 등을 간단한 점이나 선을 이용하여 만든 것

예

➡ 上(윗 상) : 기준선 위에 점을 찍어 위를 나타냄.

➡ 下(아래 하) : 기준선 아래 점을 찍어 아래를 뜻함.

3 회의(會意) : 두 개 이상의 글자가 모여 새로운 뜻의 글자를 만든 것

예

日(날 일) + 月(달 월) ➔ 明(밝을 명)

달빛〔月〕이 창문〔 → 〕에 비추어 '밝다'라는 뜻이 됨.

木(나무 목) + 木(나무 목) ➔ 林(수풀 림)

나무〔木〕와 나무〔木〕가 모여서 된 '수풀'이란 뜻이 됨.

4 형성(形聲) : 뜻 부분과 소리 부분을 결합하여 만드는 것

예

水(물 수) + 青(푸를 청) → 淸(맑을 청)

뜻 부분　　음 부분

人(사람 인) + 主(주인 주) → 住(살 주)

5 전주(轉注) : 한 글자가 관계 있는 다른 뜻으로 사용되게 하는 것

예

· 樂
- 좋아할 요 : 樂山(요산)
- 노래 악 : 音樂(음악)
- 즐길 락 : 歡樂(환락)

· 北
- 북녁 북 : 北方(북방)
- 달아날 배 : 敗北(패배)

6 가차(假借): 뜻과 관계없이 소리나 모양을 빌려 쓰는 것

예

Paris ➡ 巴利(파리) : 소리를 빌려서 만든 것

$ (dollar) ➡ 弗(불) : 모양을 빌려서 만든 것

한자어(漢字語)의 짜임

1 주술(主述) 관계 : 주어(主語) + 서술어(敍述語) 관계로 이루어진 짜임

예 日 ‖ 出 일출 : 해가 뜨다.
春 ‖ 來 춘래 : 봄이 오다.

2 술목(述目) 관계 : 서술어(敍述語) + 목적어(目的語) 관계로 이루어진 짜임

예 立 | 志 입지 : 뜻을 세우다.
知 | 新 지신 : 새것을 알다.

3 술보(述補) 관계 : 서술어(敍述語) + 보어(補語) 관계로 이루어진 짜임

예 登 / 山 등산 : 산에 오르다.
有 / 益 유익 : 이익이 있다.

4 수식(修飾) 관계 : 앞의 글자가 뒤의 글자를 꾸며 주는 짜임

예 青 山 청산 : 푸른 산　　高 飛 고비 : 높이 날다.

5 병렬(竝列) 관계 : 같은 성분의 한자끼리 연이어 결합한 짜임

① **유사 관계** : 뜻이 같거나 비슷한 글자끼리 결합한 짜임

예 土 = 地 토지 : 땅　巨 = 大 거대 : 아주 큼

② **대립 관계** : 뜻이 대립되는 한자끼리 결합한 짜임

예 上 ↔ 下 상하 : 위와 아래　左 ↔ 右 좌우 : 왼쪽과 오른쪽

③ **대등 관계** : 대등한 뜻을 지닌 글자끼리 결합한 짜임

예 忠 - 孝 충효 : 충과 효　草 - 木 초목 : 풀과 나무

④ **첩어 관계** : 같은 글자를 반복 사용하여 뜻을 강조한 짜임

예 堂堂 당당 : 떳떳함　白白 백백 : 새하얀

한자의 필순(筆順)

필순은 한자를 짜임새 있고 편리하게 쓰기 위하여 정해 놓은 순서입니다. 필순은 개인이나 국가 또는 서체에 따라 조금씩 달라지는 경우도 있습니다. 다음은 우리나라에서 일반적으로 쓰이는 필순의 원칙들입니다.

1 위에서 아래로 쓴다.

三 ➡ 一 二 三

2 왼쪽에서 오른쪽으로 쓴다.

川 ➡ 丿 川 川

3 가로획을 먼저 쓰고 세로획은 나중에 쓴다.

世 ➡ 一 十 廿 廿 世

4 좌우가 대칭일 때 가운데를 먼저 쓴다.

水 ➡ 亅 才 水 水

5 꿰뚫는 획은 나중에 쓴다.

(1) 세로획을 나중에 긋는 경우

中 ➡ 丶 口 口 中

(2) 가로획을 나중에 긋는 경우

女 ➡ ㇛ 夂 女

6 꿰뚫는 획이 밑이 막히면 먼저 쓴다.

生 ➡ 丿 𠂉 𠂉 牛 生

7 삐침(丿)은 파임(㇏)보다 먼저 쓴다.

文 ➡ 丶 亠 ナ 文

8 몸과 안으로 이루어진 글자는 몸을 먼저 쓴다.

同 ➡ 丨 冂 冂 冋 同 同

9 오른쪽 위에 있는 점은 나중에 찍는다.

犬 ➡ 一 ナ 大 犬

10 받침 중에서 走(辶)과 廴은 나중에 쓰고 나머지는 먼저 쓴다.

起 ➡ 一 十 土 丰 丰 走 走 起 起 起

近 ➡ ㇒ 厂 斤 斤 斤 䜣 䜣 近

부수의 위치와 명칭

부수가 글자에 놓이는 위치에 따라 8가지로 부수를 분류합니다. 부수는 반드시 한 가지 분류에 속하지 않으며, 중복되어 속하기도 합니다.

1 변(邊) : 부수가 글자의 왼쪽에 놓여 있는 경우

예 江(강 강) 校(학교 교) 信(믿을 신)

2 방(傍) : 부수가 글자의 오른쪽에 놓여 있는 경우

예 郡(고을 군) 雄(수컷 웅) 初(처음 초)

3 머리 : 부수가 글자의 위쪽에 놓여 있는 경우

예 登(오를 등) 安(편안할 안) 花(꽃 화)

4 발 : 부수가 글자의 아래쪽에 놓여 있는 경우

예 貴(귀할 귀) 然(그럴 연) 兄(형 형)

5 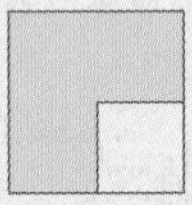 엄 : 부수가 글자의 왼쪽과 위쪽에 걸쳐 놓여 있는 경우

예 房(방 방) 原(근원 원) 庭(뜰 정)

6 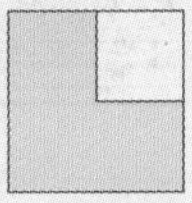 받침 : 부수가 글자의 왼쪽에서 밑으로 놓여 있는 경우

예 建(세울 건) 起(일어날 기) 道(길 도)

7  몸 : 부수가 글자의 전체를 에워싸고 있는 경우

예 區(지경 구) 國(나라 국) 問(물을 문)

8 제부수 : 부수가 한 글자 전체를 나타내는 경우

예 金(쇠 금) 女(계집 녀) 山(메 산)

변형 부수

변형 부수란 부수가 다른 글자와 결합하여 새로운 한자가 될 때, 놓이는 위치에 따라 본래 부수 모양에서 달라진 부수를 말합니다. 변형 부수는 그 모양이 달라져도 본래 부수와 똑같은 의미를 갖습니다.

본래 부수	변형 부수	예	본래 부수	변형 부수	예
犬(개 견)	犭	獨	乙(새 을)	乚	亂
刀(칼 도)	刂	利	邑(고을 읍)	阝	郡
老(늙을 로)	耂	考	衣(옷 의)	衤	被
阜(언덕 부)	阝	陽	人(사람 인)	亻	仁
手(손 수)	扌	技	爪(손톱 조)	爫	爭
水(물 수)	氵	海	艸(풀 초)	艹	花
示(보일 시)	礻	礼	火(불 화)	灬	烈
心(마음 심)	忄	情	川(내 천)	巛	巠
玉(구슬 옥)	王	現	攴(칠 복)	攵	改
肉(고기 육)	月	育	辵(쉬엄쉬엄 갈 착)	辶	道

색인

색인

ㅈ

색인

ㅊ

ㅌ

ㅍ

ㅎ

부수를 알면
한자가
쉬워집니다

확인학습

정답

정답

01 확인학습 P. 24 ~ 26

1. 日	2. 月	3. 山	4. 川	5. 水
6. 火	7. 土	8. 气	9. 雨	10. 白
11. 夕	12. 날 일	13. 달 월	14. 메 산	15. 내 천
16. 물 수	17. 불 화	18. 흙 토	19. 기운 기	20. 비 우
21. 흰 백	22. 저녁 석	23. 巛, 巜	24. 氵	25. 灬
26. 水	27. 月	28. 气	29. 土	30. 夕
31. 土	32. 山	33. 月	34. 火	35. 白
36. 水	37. 雨	38. 水	39. 夕	40. 火
41. 夕	42. 雨	43. 月	44. 日	45. 白
46. 雨	47. 月	48. 川	49. 日	50. 土
51. 日	52. 火			

02 확인학습 P. 37 ~ 38

1. 凵	2. 阜	3. 厂	4. 穴	5. 示
6. 石	7. 金	8. 玉	9. 辰	10. 冫
11. 입 벌릴 감	12. 언덕 부	13. 언덕 엄	14. 구멍 혈	15. 보일 시
16. 돌 석	17. 쇠 금	18. 구슬 옥	19. 별 진	20. 얼음 빙
21. 阝	22. 礻	23. 穴	24. 辰	25. 冫
26. 冫	27. 示	28. 阜	29. 玉	30. 示
31. 阜	32. 玉	33. 厂	34. 阜	35. 金
36. 示	37. 穴	38. 金	39. 凵	40. 凵

03 확인학습 P. 48 ~ 49

1. 犬	2. 馬	3. 羊	4. 魚	5. 牛
6. 虍	7. 貝	8. 隹	9. 개 견	10. 말 마
11. 양 양	12. 물고기 어	13. 소 우	14. 범 호	15. 조개 패
16. 새 추	17. 犭	18. 牜	19. 貝	20. 馬
21. 犬	22. 牛	23. 羊	24. 貝	25. 魚
26. 隹	27. 貝	28. 隹	29. 牛	30. 虍

04 확인학습 P. 57 ~ 58

1. 風	2. 彡	3. 羽	4. 骨	5. 角
6. 肉	7. 歹	8. 바람 풍	9. 터럭 삼	10. 깃 우
11. 뼈 골	12. 뿔 각	13. 고기 육	14. 뼈 앙상할 알	15. 肉
16. 歹	17. 羽	18. 肉	19. 骨	20. 風
21. 角	22. 彡			

05 확인학습 P. 70 ~ 71

1. 木	2. 生	3. 青	4. 氏	5. 禾
6. 米	7. 艸	8. 竹	9. 乙	10. 나무 목
11. 날 생	12. 푸를 청	13. 성씨 씨	14. 벼 화	15. 쌀 미
16. 풀 초	17. 대 죽	18. 새 을	19. 青	20. 乚
21. 艹, 䒑	22. 禾	23. 木	24. 木	25. 乙
26. 木	27. 竹	28. 米	29. 艸	30. 氏
31. 生	32. 竹	33. 竹	34. 禾	35. 艸
36. 禾	37. 艸			

정답

06 확인학습 P. 86 ~ 88

1. 里	2. 田	3. 舟	4. 車	5. 户
6. 宀	7. 广	8. 高	9. 門	10. 亠
11. 用	12. 糸	13. 마을 리	14. 밭 전	15. 배 주
16. 수레 거	17. 문 호	18. 집 면	19. 집 엄	20. 높을 고
21. 문 문	22. 돼지해머리 두	23. 쓸 용	24. 실 사	25. 车
26. 高	27. 田	28. 宀	29. 門	30. 門
31. 車	32. 亠	33. 門	34. 广	35. 亠
36. 車	37. 糸	38. 田	39. 里	40. 糸
41. 亠	42. 糸	43. 舟	44. 户	45. 宀
46. 宀	47. 里	48. 广	49. 广	50. 里
51. 田				

07 확인학습 P. 100 ~ 101

1. 一	2. 二	3. 八	4. 十	5. 丨
6. 小	7. 邑	8. 冂	9. 匸	10. 囗
11. 한 일	12. 두 이	13. 여덟 팔	14. 열 십	15. 뚫을 곤
16. 작을 소	17. 고을 읍	18. 멀 경	19. 감출 혜	20. 에울 위
21. 八	22. 匸	23. 囗	24. 邑	25. 十
26. 八	27. 邑	28. 十	29. 八	30. 邑
31. 囗	32. 一	33. 一	34. 小	35. 二
36. 囗	37. 冂	38. 八	39. 丨	40. 十
41. 一				

배정한자 쓰기노트

부수를 알면

한자가 쉬워집니다

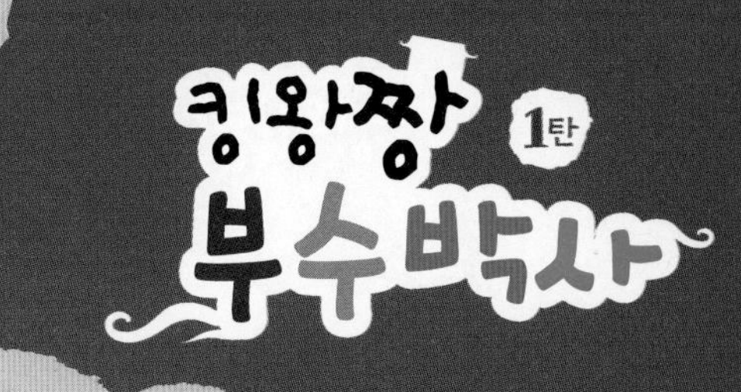

배정한자 쓰기노트

킹왕짱 부수박사 5급 쓰기노트는

한자능력검정시험 5급 배정한자 500자를

1탄에 256자

2탄에 244자를

부수와 함께 익힐 수 있게 구성하였습니다.

부수박사 본 책을 학습한 후, 쓰기노트를 활용하거나

본 책과 함께 쓰기노트를 활용해도 좋습니다.

1 일석이조의 학습효과 – 학습한 부수와 같은 부수를 가진 한자 중에서 한자능력검정 시험 5급 배정한자에 해당하는 한자를 직접 쓰면서 익힐 수 있도록 구성하였습니다.

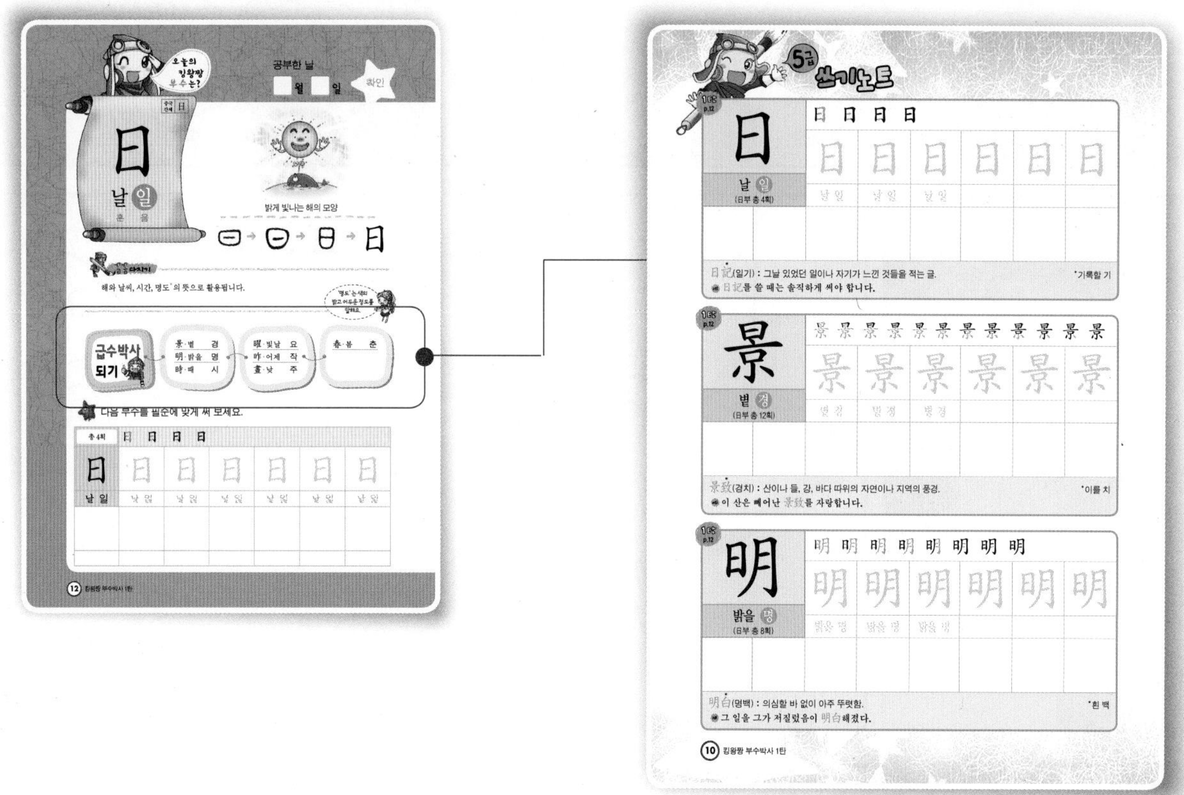

2 자기주도적 학습유도 – 앞에서 학습한 한자를 복습하고, 스스로 테스트하면서 부족 한 부분을 스스로 발견하고 해결해 가며 학습할 수 있도록 구성하였습니다.

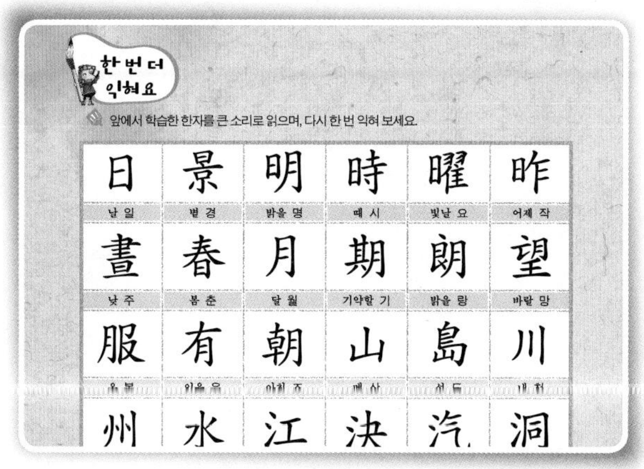

나 스스로 평가해 봐요

다음 한자의 훈과 음을 쓰세요.

日	景	明	時	曜	昨
晝	春	月	期	朗	望
服	有	朝	山	島	川
州	水	江	決	汽	洞

킹왕짱
漢字
수업
시작이다!
딩동
댕동

오늘 새선생님이
오신다고 했는데?
여잘까?
남잘까?
웅성 웅성 웅성
웅성
웅성

샥
여러분,
안녕?

쟤는 ……
어?
뭐야?
누구지?
엉?
엥?

척
제가 바로 오늘부터
여러분에게 한자를
가르쳐 줄 새로운 선생님인
'킹왕짱 부수박사'예요.
파닥
파닥

여러분,
공부할 때 어려운 단어들이
많이 나와서 힘들죠?
척

아니요.
저는 공부를 안 해서
하나도 힘들지 않습니다!

에고에고
저 바보탱이
왠지
기분 나쁘당…
자랑이다?

우리말은 70% 이상이 한자어로
되어 있어요.
그래서 한자를 모르면
그 뜻을 정확히 이해하기 힘들지요.

옛날 중국의 '사기'라는 책에 의하면,
황제시대 때 창힐이란 사람이 새의 발자국을 보고
그 모양을 본떠 한자를 만들었다고 해요.
오호~
요것봐라

그렇다면 한자는 정말 처음에
사물을 보고 만든 거네요.
또 잘난 척하긴.

맞아요.
그렇게 만들어지기
시작한 한자는
후에 여섯 가지 원리로
만들어졌어요. 이 원리를
'육서'라고 해요.
이건 나중에 배우고
우선 한자에 대해서
좀 더 알려 줄게요.

한자에서는
모양은 人
소리는 인
뜻은 사람
으로 모두 달라요.

見 - 볼 견
看 - 볼 간
觀 - 볼 관
視 - 볼 시

또, 칠판에 있는 글자들처럼
소리[音(음)]는 다르지만 뜻은
모두 같은 한자들도 있어요.

땅 보고
있는 빨간
머리가 한번
써 보세요.
허걱
어휴.

어떻게
쓴담.

한자를 쓴 게
아니라
그림을 그렸군.

한자는 쓰기가
넘 어려워요.
그래서 획수를
알아야 해요.

획수가
뭐예요?
획...수?
획
수

한자를 이루는
선이나
점 하나하나를
'획'이라고 하고,
그 획의 수를
획수라고 해요.

한자를 쓸 때는
필순에 맞게 써야 쉽게 쓸 수 있어요.
필순이란 한자의 획을 쓰는 순서를 말해요.
필순 규칙
1. 위에서 아래로 쓴다.

필순 규칙 2.
왼쪽에서 오른쪽으로 쓴다.

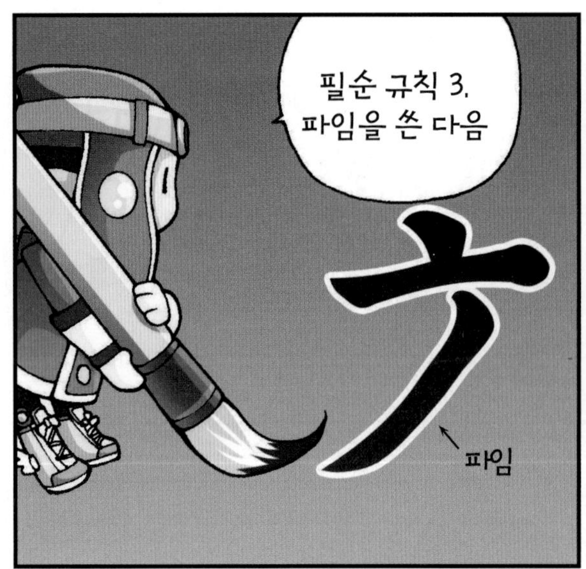
필순 규칙 3.
파임을 쓴 다음
파임

이렇게 삐침을 쓴다.
삐침

필순에 따라 쓰면
한자의 모양도 좋고
쓰기도 쉬워요.
휴~
힘들다

文(글월 문)자는 획이 모두
4개이니까
총 4획이 되는 거예요.
총 4획

이젠 알겠죠?
한자는 어려운 것이 아니라
아주 재미난 글자란 걸요.
네
예
파닥 파닥

5급

쓰기노트

1탄 p.12

日

날 일
(日부 총 4획)

日 日 日 日

日 日 日 日 日 日

날 일 날 일 날 일

日記*(일기) : 그날 있었던 일이나 자기가 느낀 것들을 적는 글. *기록할 기

예 日記를 쓸 때는 솔직하게 써야 합니다.

1탄 p.12

景

볕 경
(日부 총 12획)

景 景 景 景 景 景 景 景 景 景 景 景

景 景 景 景 景 景

볕 경 볕 경 볕 경

景致*(경치) : 산이나 들, 강, 바다 따위의 자연이나 지역의 풍경. *이를 치

예 이 산은 빼어난 景致를 자랑합니다.

1탄 p.12

明

밝을 명
(日부 총 8획)

明 明 明 明 明 明 明 明

明 明 明 明 明 明

밝을 명 밝을 명 밝을 명

明白*(명백) : 의심할 바 없이 아주 뚜렷함. *흰 백

예 그 일을 그가 저질렀음이 明白해졌다.

時間(시간) : 시각과 시각 사이의 시간. *사이 간

예 그는 時間이 날 때마다 책을 읽었습니다.

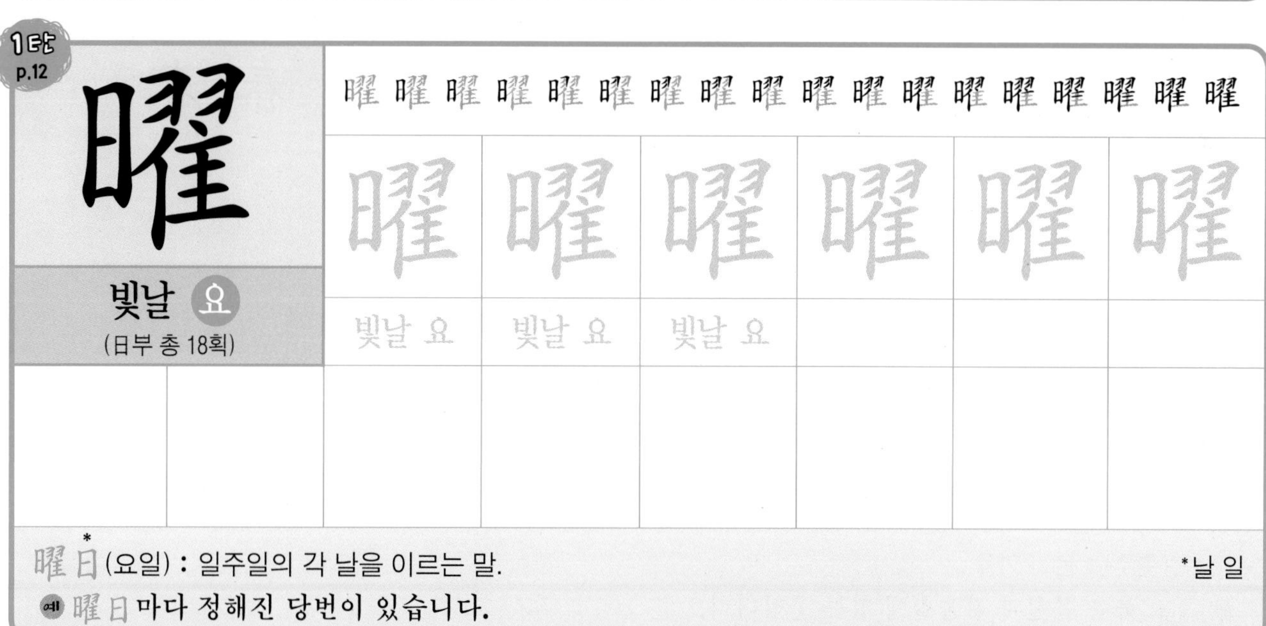

曜日(요일) : 일주일의 각 날을 이르는 말. *날 일

예 曜日마다 정해진 당번이 있습니다.

昨年(작년) : 지난해. *해 년

예 올 여름은 昨年 여름보다 덥습니다.

1탄 p.12

晝

낮 주
(日부 총 11획)

晝 晝 晝 晝 晝 晝 晝 晝 晝 晝 晝

晝 晝 晝 晝 晝 晝

낮주 낮주 낮주

晝夜*(주야) : 밤낮. *밤 야

예 동생은 晝夜로 쉬지 않고 열심히 공부합니다.

1탄 p.12

春

봄 춘
(日부 총 9획)

春 春 春 春 春 春 春 春 春

春 春 春 春 春 春

봄춘 봄춘 봄춘

春秋*(춘추) : 봄과 가을. *가을 추

예 春秋복은 봄철과 가을철에 입는 옷입니다.

1탄 p.13

月

달 월
(月부 총 4획)

月 月 月 月

月 月 月 月 月 月

달월 달월 달월

月給*(월급) : 일을 한 대가로 달마다 받는 돈. *줄 급

예 첫 月給으로 부모님께 내복을 사 드렸습니다.

1단 p.13

期

기약할 기
(月부 총 12획)

期 期 期 期 期 期 期 期 期 期 期 期

期待(기대) : 어떤 일이 이루어지기를 바라고 기다림. *기다릴 대

예 期待가 크면 실망도 큽니다.

1단 p.13

朗

밝을 랑
(月부 총 11획)

朗 朗 朗 朗 朗 朗 朗 朗 朗 朗 朗

朗朗(낭랑) : 소리가 맑고 또랑또랑함.

예 朗朗한 목소리로 노래를 부릅니다.

1단 p.13

望

바랄 망
(月부 총 11획)

望 望 望 望 望 望 望 望 望 望 望

望鄕(망향) : 고향을 그리워하며 생각함. *시골 향

예 통일전망대에 모여 望鄕의 아픔을 함께 나누었습니다.

1탄 p.13

服

服 服 服 服 服 服 服 服

옷 복
(月부 총 8획)

服 服 服 服 服 服

옷 복 옷 복 옷 복

服用*(복용) : 약을 먹음.
예 이 약은 服用이 간편합니다.

*쓸 용

1탄 p.13

有

有 有 有 有 有 有

있을 유
(月부 총 6획)

有 有 有 有 有 有

있을 유 있을 유 있을 유

有名*(유명) : 이름이 널리 알려져 있음.
예 이 고장은 빼어난 경치로 有名합니다.

*이름 명

1탄 p.13

朝

朝 朝 朝 朝 朝 朝 朝 朝 朝 朝 朝 朝

아침 조
(月부 총 12획)

朝 朝 朝 朝 朝 朝

아침 조 아침 조 아침 조

朝會*(조회) : 학교나 관청 따위에서 아침에 모든 구성원이 한자리에 모이는 일.
예 朝會 시간에 교장 선생님께서 새로 오신 선생님을 소개하셨습니다.

*모일 회

1단 p.14

山

메 산
(山부 총 3획)

山 山 山

山 山 山 山 山 山

메 산　메 산　메 산

山村(산촌) : 산속에 있는 마을. *마을 촌

예 山村에는 약초를 캐는 사람들이 많습니다.

1단 p.14

島

섬 도
(山부 총 10획)

島 島 島 島 島 島 島 島 島 島

島 島 島 島 島 島

섬 도　섬 도　섬 도

落島(낙도) : 육지에서 멀리 떨어진 외딴섬. *떨어질 락

예 落島에 있는 초등학교와 자매결연을 하였습니다.

1단 p.15

川

내 천
(川부 총 3획)

川 川 川

川 川 川 川 川 川

내 천　내 천　내 천

河川(하천) : 강과 시내를 아울러 이르는 말. *강 하

예 홍수로 마을 河川이 범람했습니다.

1탄 p.15

州

고을 주
(川부 총 6획)

州 州 州 州 州 州

州	州	州	州	州	州
고을 주	고을 주	고을 주			

光州(광주) : 전라남도의 중앙부에 있는 시. *빛 광

예 光州는 무등산 수박으로 유명합니다.

1탄 p.16

水

물 수
(水부 총 4획)

水 水 水 水

水	水	水	水	水	水
물 수	물 수	물 수			

水路(수로) : 물이 흐르는 길. *길 로

예 水路를 이용하여 마을에 물을 공급했습니다.

1탄 p.16

江

강 강
(水부 총 6획)

江 江 江 江 江 江

江	江	江	江	江	江
강 강	강 강	강 강			

江山(강산) : 강과 산이라는 뜻으로, 자연의 경치를 이름. *메 산

예 아름다운 江山에 봄이 왔습니다.

1단 p.16

결단할 결
(水부 총 7획)

決 決 決 決 決 決 決

決	決	決	決	決	決
결단할 결	결단할 결	결단할 결			

決心(결심) : 무엇을 하고자 마음을 굳게 다잡아먹는 것. *마음 심

예 아버지는 담배를 끊기로 決心했습니다.

1단 p.16

汽

물끓는김 기
(水부 총 7획)

汽 汽 汽 汽 汽 汽 汽

汽	汽	汽	汽	汽	汽
물끓는김 기	물끓는김 기	물끓는김 기			

汽車(기차) : 증기 기관을 원동력으로 하여 궤도 위를 운행하는 차량. *수레 차

예 汽車가 철도 위를 달립니다.

1단 p.16

골 동/밝을 통
(水부 총 9획)

洞 洞 洞 洞 洞 洞 洞 洞 洞

洞	洞	洞	洞	洞	洞
골 동/밝을 통	골 동/밝을 통	골 동/밝을 통			

洞長(동장) : 행정 구역의 단위인 동사무소의 우두머리. *어른 장

예 동네 사람들은 어려운 문제가 생기면 洞長과 의논합니다.

1탄 p.16

流

흐를 류
(水부 총 10획)

流 流 流 流 流 流 流 流 流 流

流 流 流 流 流 流

흐를 류 흐를 류 흐를 류

流行(유행) : 복장이나 언어, 생활양식 등이 일시적으로 널리 퍼져 비슷해지는 현상. *다닐 행

예 요즘은 짧은 머리가 流行입니다.

1탄 p.16

法

법 법
(水부 총 8획)

法 法 法 法 法 法 法 法

法 法 法 法 法 法

법 법 법 법 법 법

法院(법원) : 사법권을 행사하는 국가 기관. *집 원

예 우리나라 法院은 크게 대법원, 고등법원, 지방법원으로 나뉩니다.

1탄 p.16

氷

얼음 빙
(水부 총 5획)

氷 氷 氷 氷 氷

氷 氷 氷 氷 氷 氷

얼음 빙 얼음 빙 얼음 빙

氷河(빙하) : 얼어붙은 큰 강. *강 하

예 지구의 온난화로 氷河가 점점 녹고 있습니다.

1단 p.16

洗

씻을 세
(水부 총 9획)

洗 洗 洗 洗 洗 洗 洗 洗 洗

洗 洗 洗 洗 洗 洗

씻을 세 씻을 세 씻을 세

洗手*(세수) : 물을 손에 떠서 얼굴에 묻히면서 얼굴을 씻는 것. *손 수

예 아침에 일어나 洗手를 합니다.

1단 p.16

消

사라질 소
(水부 총 10획)

消 消 消 消 消 消 消 消 消 消

消 消 消 消 消 消

사라질 소 사라질 소 사라질 소

消化*(소화) : 먹은 음식물이 몸에 흡수되도록 부수거나 화학 물질로 바꾸는 작용. *될 화

예 밥을 급히 먹었더니 消化가 안 됩니다.

1단 p.16

洋

큰바다 양
(水부 총 9획)

洋 洋 洋 洋 洋 洋 洋 洋 洋

洋 洋 洋 洋 洋 洋

큰바다 양 큰바다 양 큰바다 양

大*洋(대양) : 면적이 넓은 아주 큰 바다. *큰 대

예 지구는 5大洋 6대주로 되어 있습니다.

5급 쓰기노트

1탄 p.16

漁

고기 잡을 어
(水부 총 14획)

漁 漁 漁 漁 漁 漁 漁 漁 漁 漁 漁 漁 漁 漁

漁 漁 漁 漁 漁 漁

고기잡을 어 고기잡을 어 고기잡을 어

漁村*(어촌) : 고기잡이를 하는 사람들이 모여서 사는 마을. *마을 촌

예 漁村에 가면 신선한 물고기를 먹을 수 있습니다.

1탄 p.16

永

길 영
(水부 총 5획)

永 永 永 永 永

永 永 永 永 永 永

길 영 길 영 길 영

永遠*(영원) : 어떤 상태가 끝없이 계속되는 것. *멀 원

예 두 사람은 永遠한 사랑을 약속했습니다.

1탄 p.16

溫

따뜻할 온
(水부 총 13획)

溫 溫 溫 溫 溫 溫 溫 溫 溫 溫 溫 溫 溫

溫 溫 溫 溫 溫 溫

따뜻할 온 따뜻할 온 따뜻할 온

溫度*(온도) : 따뜻함과 차가움의 정도를 나타내는 수치. *정도 도

예 실내 溫度와 실외 溫度의 차이가 크면 건강에 해롭습니다.

浴室*(욕실) : 목욕을 할 수 있는 시설을 갖춘 방. *집 실

예 浴室 바닥은 물기가 있어 미끄럽습니다.

1단 p.16

油

기름 유
(水부 총 8획)

油 油 油 油 油 油 油 油

油 油 油 油 油 油

기름 유 기름 유 기름 유

油價*(유가) : 석유의 가격. *값 가

예 油價 인상으로 서민들의 생활이 힘들어졌습니다.

注意*(주이) : 마음에 새겨 두고 조심하는 것. *뜻 이

예 사물을 注意 깊게 바라보도록 합시다.

1탄 p.16

淸

맑을 청
(水부 총 11획)

淸 淸 淸 淸 淸 淸 淸 淸 淸 淸 淸

淸 淸 淸 淸 淸 淸

맑을 청 맑을 청 맑을 청

淸純(청순) : 때가 묻지 않고 순수함. *순수할 순

예 영화 속 주인공이 참 淸純해 보였습니다.

1탄 p.16

河

물 하
(水부 총 8획)

河 河 河 河 河 河 河 河

河 河 河 河 河 河

물 하 물 하 물 하

河口(하구) : 강물이 바다로 흘러드는 어귀. *입 구

예 낙동강 河口는 철새도래지로 유명합니다.

1탄 p.16

漢

한수/한나라 한
(水부 총 14획)

漢 漢 漢 漢 漢 漢 漢 漢 漢 漢 漢 漢 漢 漢

漢 漢 漢 漢 漢 漢

한수/한나라 한 한수/한나라 한 한수/한나라 한

漢字(한자) : 중국에서 만들어져서 오늘날에도 쓰이고 있는 문자. *글자 자

예 우리말은 70%가 漢字로 이루어져 있습니다.

1단 p.16

海

바다 해
(水부 총 10획)

海 海 海 海 海 海 海 海 海 海

바다 해 바다 해 바다 해

海女*(해녀) : 바다 속에 들어가 전복, 해삼, 미역 등을 따는 일을 하는 여자. *계집 녀

예 제주도에는 海女가 많습니다

1단 p.16

湖

호수 호
(水부 총 12획)

湖 湖 湖 湖 湖 湖 湖 湖 湖 湖 湖 湖

호수 호 호수 호 호수 호

湖水*(호수) : 땅이 움푹 파인 곳에 물이 괴어 있는 곳. *물 수

예 공원 한가운데에 湖水가 있습니다.

1단 p.16

活

살 활
(水부 총 9획)

活 活 活 活 活 活 活 活 活

살 활 살 활 살 활

活氣*(활기) : 활동의 원천이 되는 기운. *기운 기

예 교실 안은 活氣가 넘쳤습니다.

1탄 p.18

火

불 화
(火부 총 4획)

火 火 火 火

火 火 火 火 火 火

불 화 불 화 불 화

火災*(화재) : 불이 나는 재앙. *재앙 재

예 火災로 인해 많은 이재민이 생겼습니다.

1탄 p.18

無

없을 무
(火부 총 12획)

無 無 無 無 無 無 無 無 無 無 無 無

無 無 無 無 無 無

없을 무 없을 무 없을 무

無理*(무리) : 이치에 닿지 않는 것. *다스릴 리

예 이 일을 하루에 처리하는 것은 無理입니다.

1탄 p.18

然

그럴 연
(火부 총 12획)

然 然 然 然 然 然 然 然 然 然 然 然

然 然 然 然 然 然

그럴 연 그럴 연 그럴 연

自*然(자연) : 산과 강, 바다, 초목, 동물처럼 천연으로 이루어지거나 생겨난 것. *스스로 자

예 自然을 아끼고 보호해야 합니다.

熱中(열중) : 한 가지 일에 집중하는 것. *가운데 중

예 수업 시간에는 선생님 말씀에 熱中해야 합니다.

災害(재해) : 지진이나 홍수, 태풍 등에 의하여 발생하는 불시의 재난이나 피해. *해칠 해

예 기상이변으로 자연 災害가 늘어나고 있습니다.

1단 p.18

炭

숯 탄

(火부 총 9획)

炭 炭 炭 炭 炭 炭 炭 炭 炭

炭	炭	炭	炭	炭	炭
숯 탄	숯 탄	숯 탄			

石炭(석탄) : 식물이 땅속에 묻힌 후 땅의 열과 압력으로 만들어진 불에 타는 퇴적암. *돌 석

예 땔감으로 石炭을 사용하던 때도 있었습니다.

앞에서 학습한 한자를 큰 소리로 읽으며, 다시 한 번 익혀 보세요.

日	景	明	時	曜	昨
날 일	볕 경	밝을 명	때 시	빛날 요	어제 작
晝	春	月	期	朗	望
낮 주	봄 춘	달 월	기약할 기	밝을 랑	바랄 망
服	有	朝	山	島	川
옷 복	있을 유	아침 조	메 산	섬 도	내 천
州	水	江	決	汽	洞
고을 주	물 수	강 강	결단할 결	물 끓는 김 기	골 동
流	法	氷	洗	消	洋
흐를 류	법 법	얼음 빙	씻을 세	사라질 소	큰 바다 양
漁	永	溫	浴	油	注
고기 잡을 어	길 영	따뜻할 온	목욕할 욕	기름 유	부을 주
淸	河	漢	海	湖	活
맑을 청	물 하	한수 한	바다 해	호수 호	살 활
火	無	然	熱	災	炭
불 화	없을 무	그럴 연	더울 열	재앙 재	숯 탄

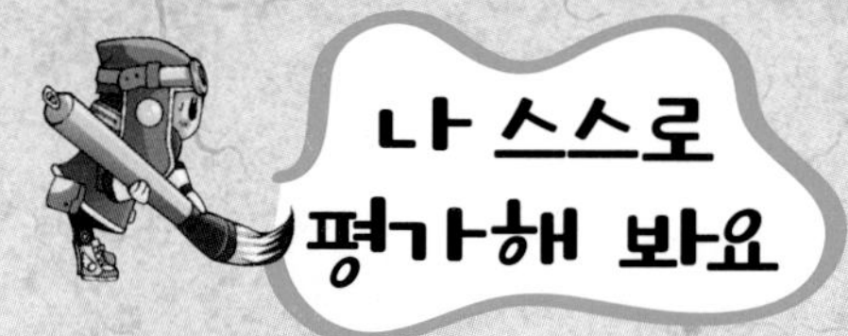

다음 한자의 훈과 음을 쓰세요.

日	景	明	時	曜	昨
晝	春	月	期	朗	望
服	有	朝	山	島	川
州	水	江	決	汽	洞
流	法	氷	洗	消	洋
漁	永	溫	浴	油	注
清	河	漢	海	湖	活
火	無	然	熱	災	炭

다음 훈과 음에 해당하는 한자를 쓰세요.

날 일	볕 경	밝을 명	때 시	빛날 요	어제 작
낮 주	봄 춘	달 월	기약할 기	밝을 랑	바랄 망
옷 복	있을 유	아침 조	메 산	섬 도	내 천
고을 주	물 수	강 강	결단할 결	물 끓는 김 기	골 동
흐를 류	법 법	얼음 빙	씻을 세	사라질 소	큰 바다 양
고기 잡을 어	길 영	따뜻할 온	목욕할 욕	기름 유	부을 주
맑을 청	물 하	한수 한	바다 해	호수 호	살 활
불 화	없을 무	그럴 연	더울 열	재앙 재	숯 탄

1단 p.19

土

흙 토
(土부 총 3획)

土 土 土

土 土 土 土 土 土

흙 토 흙 토 흙 토

土質*(토질) : 흙이 갖고 있는 성질. *바탕 질

예 土質에 맞게 농작물을 심어야 합니다.

1단 p.19

基

터 기
(土부 총 11획)

基 基 基 基 基 基 基 基 基 基 基

基 基 基 基 基 基

터 기 터 기 터 기

基本*(기본) : 사물의 기초를 이루어 중심이 되는 것. *근본 본

예 운동을 할 때는 基本 자세가 중요합니다.

1단 p.19

壇

단/제터 단
(土부 총 16획)

壇 壇 壇 壇 壇 壇 壇 壇 壇 壇 壇 壇 壇 壇 壇 壇

壇 壇 壇 壇 壇 壇

단/제터 단 단/제터 단 단/제터 단

*花壇(화단) : 꽃을 심기 위하여 흙을 높게 쌓아 놓은 꽃밭. *꽃 화

예 花壇 가득 꽃들이 피어 있습니다.

1탄 p.19

堂

집 당
(土부 총 11획)

堂 堂 堂 堂 堂 堂 堂 堂 堂 堂

堂 堂 堂 堂 堂 堂

집 당 집 당 집 당

書*堂(서당) : 옛날에 한문을 가르치던 곳. *글 서

예 書堂에서 천자문을 배웠습니다.

1탄 p.19

場

마당 장
(土부 총 12획)

場 場 場 場 場 場 場 場 場 場 場 場

場 場 場 場 場 場

마당 장 마당 장 마당 장

場所*(장소) : 사람이 어떤 일을 하거나 할 수 있는 공간. *바 소

예 서둘러 약속 場所에 갔습니다.

1탄 p.19

在

있을 재
(土부 총 6획)

在 在 在 在 在 在

在 在 在 在 在 在

있을 재 있을 재 있을 재

存*在(존재) : 실제로 있는 것. *있을 존

예 나는 신의 存在를 믿습니다.

地圖*(지도) : 지구 표면의 상태를 일정한 비로 줄여서 평면 위에 나타낸 그림. *그림 도

예 地圖를 보면 쉽게 길을 찾을 수 있습니다.

1탄
p.20

氣

기운 기
(气부 총 10획)

기운 기 기운 기 기운 기

氣溫*(기온) : 대기의 온도. *따뜻할 온

예 밤이 되자 氣溫이 뚝 떨어졌습니다.

1탄
p.21

雨

비 우
(雨부 총 8획)

비 우 비 우 비 우

雨期*(우기) : 일 년 중 비가 많이 오는 시기. *기약할 기

예 열대지방은 雨期와 건기가 확실히 구분됩니다.

5급 쓰기노트

1탄 p.21

雪

눈 설
(雨부 총 11획)

雪 雪 雪 雪 雪 雪 雪 雪 雪 雪 雪

雪 雪 雪 雪 雪 雪

눈 설 눈 설 눈 설

雪景*(설경) : 눈이 내리거나 눈이 쌓인 경치. *볕 경

예 새하얀 雪景은 보면 볼수록 아름답습니다.

1탄 p.21

雲

구름 운
(雨부 총 12획)

雲 雲 雲 雲 雲 雲 雲 雲 雲 雲 雲 雲

雲 雲 雲 雲 雲 雲

구름 운 구름 운 구름 운

雲集*(운집) : 구름처럼 많이 모이는 것. *모일 집

예 학교 운동장에 사람들이 雲集해 있습니다.

1탄 p.21

電

번개 전
(雨부 총 13획)

電 電 電 電 電 電 電 電 電 電 電 電 電

電 電 電 電 電 電

번개 전 번개 전 번개 전

電氣*(전기) : 물질 안에 있는 전자의 이동으로 생기는 에너지의 한 형태. *기운 기

예 태풍으로 마을 電氣가 모두 나갔습니다.

白 흰 백 (白부 총 5획) 1단 p.22

白紙(백지) : 흰색 종이, 아무것도 쓰지 않은 종이. *종이 지

예 白紙에 낙서를 했습니다.

的 과녁 적 (白부 총 8획) 1단 p.22

的中(적중) : 정확하게 맞는 것. *가운데 중

예 화살이 과녁을 的中시켰습니다.

百 일백 백 (白부 총 6획) 1단 p.22

百萬(백만) : 아주 많은 수. *일만 만

예 百萬 대군을 거느리고 쳐들어왔습니다.

1탄 p.23

多

많을 다

(夕부 총 6획)

많을 다 많을 다 많을 다

多數(다수) : 많은 수. *셀 수

예 그는 多數의 지지를 받아 선출되었습니다.

外出(외출) : 볼일을 보러 잠시 밖으로 나가는 것. *날 출

예 부모님은 外出 중입니다.

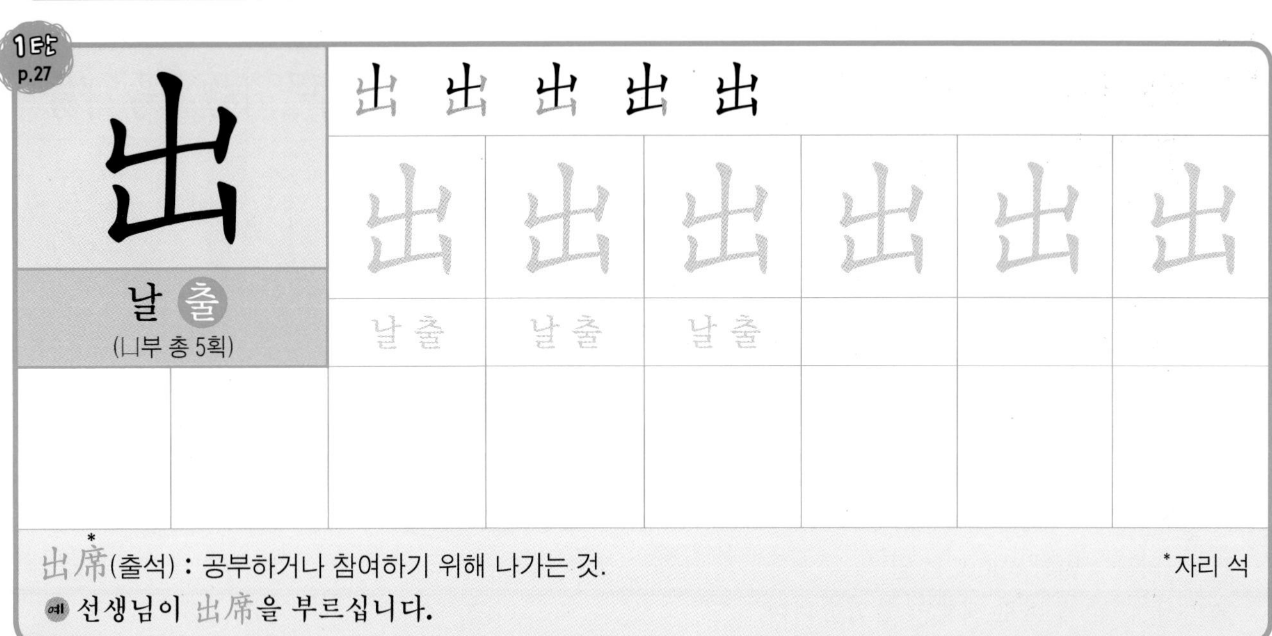

出席(출석) : 공부하거나 참여하기 위해 나가는 것. *자리 석

예 선생님이 出席을 부르십니다.

凶惡(흉악) : 마음이 음흉하고 악함. *악할 악

예 凶惡한 범죄가 계속해서 일어나고 있습니다.

5급 쓰기노트

1탄 p.28

陸

뭍 륙
(阝부 총 11획)

陸 陸 陸 陸 陸 陸 陸 陸 陸 陸 陸

陸 陸 陸 陸 陸 陸

뭍 륙 뭍 륙 뭍 륙

陸軍*(육군) : 육상에서의 전투를 주 임무로 하는 군대. *군사 군

예 陸軍, 공군, 해군이 모두 한자리에 모였습니다.

1탄 p.28

陽

볕 양
(阝부 총 12획)

陽 陽 陽 陽 陽 陽 陽 陽 陽 陽 陽 陽

陽 陽 陽 陽 陽 陽

볕 양 볕 양 볕 양

陽地*(양지) : 볕이 바로 드는 땅. *땅 지

예 마당 陽地에 파란 새싹이 돋았습니다.

1탄 p.28

院

집/병원 원
(阝부 총 10획)

院 院 院 院 院 院 院 院 院 院

院 院 院 院 院 院

집/병원 원 집/병원 원 집/병원 원

院長*(원장) : '원'자가 붙은 기관이나 시설의 장. *어른 장

예 유치원 院長을 만나러 갔습니다.

1단 p.29

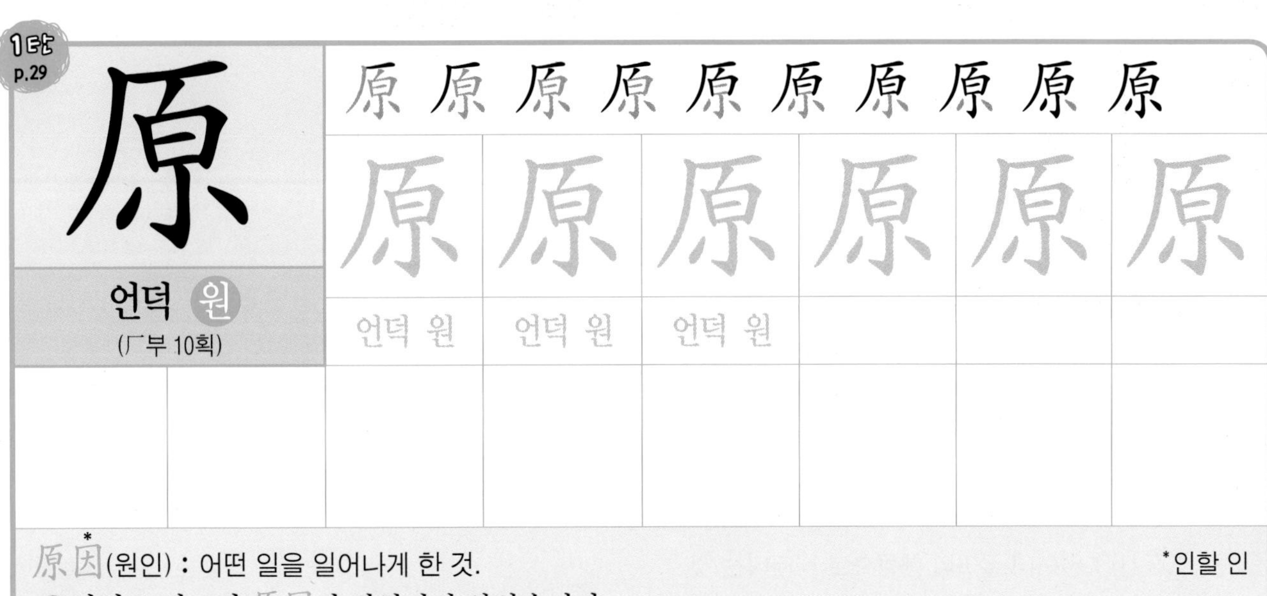

原

언덕 원
(厂부 10획)

原 原 原 原 原 原 原 原 原 原

原	原	原	原	原	原
언덕 원	언덕 원	언덕 원			

原因*(원인) : 어떤 일을 일어나게 한 것. *인할 인

예 아직도 사고의 原因이 밝혀지지 않았습니다.

1단 p.30

空

빌 공
(穴부 총 8획)

空 空 空 空 空 空 空 空

空	空	空	空	空	空
빌 공	빌 공	빌 공			

空氣*(공기) : 지구를 에워싸고 있는 여러 가지 기체의 혼합물. *기운 기

예 산속 空氣는 참 맑습니다.

1단 p.30

窓

창문 창
(穴부 총 11획)

窓 窓 窓 窓 窓 窓 窓 窓 窓 窓 窓

窓	窓	窓	窓	窓	窓
창문 창	창문 창	창문 창			

窓門*(창문) : 햇빛과 공기가 통하게 방이나 부도 등의 벽에 낸 문. *문 문

예 窓門을 활짝 열었습니다.

1탄 p.31

示

보일 시
(示부 총 5획)

示 示 示 示 示

示	示	示	示	示	示
보일 시	보일 시	보일 시			

表示(표시) : 말이나 글이나 행동으로 나타내는 것. *겉 표

예 감사의 表示를 했습니다.

1탄 p.31

禮

예도 례
(示부 총 18획)

禮 禮 禮 禮 禮 禮 禮 禮 禮 禮 禮 禮 禮 禮 禮 禮 禮 禮

禮	禮	禮	禮	禮	禮
예도 례	예도 례	예도 례			

禮節(예절) : 예의와 범절. *예절 절

예 옆집 아이는 禮節이 참 바릅니다.

1탄 p.31

福

복 복
(示부 총 14획)

福 福 福 福 福 福 福 福 福 福 福 福 福 福

福	福	福	福	福	福
복 복	복 복	복 복			

祝福(축복) : 복되기를 비는 것. *빌 축

예 많은 사람들의 祝福 속에 결혼식을 올렸습니다.

1단 p.31

社

모일 사
(示부 총 8획)

社 社 社 社 社 社 社 社

社 社 社 社 社 社

모일 사 모일 사 모일 사

社會(사회) : 같은 무리끼리 모여 이루는 집단. *모일 회

예 학교는 학생들이 어울려 사는 작은 社會입니다.

1단 p.31

神

귀신 신
(示부 총 10획)

神 神 神 神 神 神 神 神 神 神

神 神 神 神 神 神

귀신 신 귀신 신 귀신 신

神話(신화) : 우주의 기원이나 신이나 영웅의 이야기. *말씀 화

예 단군神話에는 사람이 되고 싶은 곰과 호랑이가 나옵니다.

1단 p.31

祖

할아비 조
(示부 총 10획)

祖 祖 祖 祖 祖 祖 祖 祖 祖 祖

祖 祖 祖 祖 祖 祖

할아비 조 할아비 조 할아비 조

祖上(조상) : 돌아가신 어버이 위로 대대의 어른. *윗 상

예 祖上 대대로 내려오는 가업을 이어 받았습니다.

5급 쓰기노트

1탄 p.31

祝

빌 축
(示부 총 10획)

祝 祝 祝 祝 祝 祝 祝 祝 祝 祝

祝 祝 祝 祝 祝 祝

빌 축 빌 축 빌 축

祝歌*(축가) : 축하의 뜻으로 부르는 노래. *노래 가

예 생일 祝歌를 불렀습니다.

1탄 p.32

石

돌 석
(石부 총 5획)

石 石 石 石 石

石 石 石 石 石 石

돌 석 돌 석 돌 석

石工*(석공) : 돌을 다루어 물건을 만드는 사람. *장인 공

예 石工의 땀과 눈물로 석탑이 완성되었습니다.

1탄 p.33

金

쇠 금/성 김
(金부 총 8획)

金 金 金 金 金 金 金 金

金 金 金 金 金 金

쇠 금/성 김 쇠 금/성 김 쇠 금/성 김

黃*金(황금) : 누른빛을 띠는 금을 가리키는 말. *누를 황

예 땅속에서 黃金 덩어리가 나왔습니다.

1단 p33

銀

은 은
(金부 총 14획)

銀 銀 銀 銀 銀 銀 銀 銀 銀 銀 銀 銀 銀 銀

銀 銀 銀 銀 銀 銀

은 은 은 은 은 은

銀行*(은행) : 예금을 받아들이고 자금을 대출하는 일을 하는 금융기관. *다닐 행

예 용돈을 아껴 銀行에 저축했습니다.

1단 p.33

鐵

쇠 철
(金부 총 21획)

鐵 鐵 鐵 鐵 鐵 鐵 鐵 鐵 鐵 鐵 鐵 鐵 鐵

鐵 鐵 鐵 鐵 鐵 鐵

쇠 철 쇠 철 쇠 철

鐵則*(철칙) : 변경하거나 어길 수 없는 법칙. *법칙 칙

예 굽은 길에서의 감속 운행은 운전의 鐵則입니다.

1단 p.34

球

공 구
(玉부 총 11획)

球 球 球 球 球 球 球 球 球 球 球

球 球 球 球 球 球

공 구 공 구 공 구

地*球(지구) : 인류가 사는 천체. *땅 지

예 地球는 아름다운 푸른 별입니다.

1탄 p.34

理

다스릴 리
(玉부 총 11획)

理 理 理 理 理 理 理 理 理 理 理

理 理 理 理 理 理

다스릴 리 다스릴 리 다스릴 리

理性(이성) : 감정에 좌우되지 않고 사리를 올바로 분별하여 행동할 수 있는 능력. *성품 성

예 화급한 상황에서도 理性을 잃으면 안 됩니다.

1탄 p.34

班

반 반
(玉부 총 10획)

班 班 班 班 班 班 班 班 班 班

班 班 班 班 班 班

반 반 반 반 반 반

合班(합반) : 두 학급 이상을 합치는 것. *합할 합

예 학생 수가 적어 合班을 했습니다.

1탄 p.34

王

임금 왕
(玉부 총 4획)

王 王 王 王

王 王 王 王 王 王

임금 왕 임금 왕 임금 왕

王子(왕자) : 임금의 아들. *아들 자

예 동화책 속에는 마법에 걸린 王子가 많이 등장합니다.

現場*(현장) : 사건이나 사고가 발생한 곳. *마당 장

예 교통사고 現場에 구급차가 왔습니다.

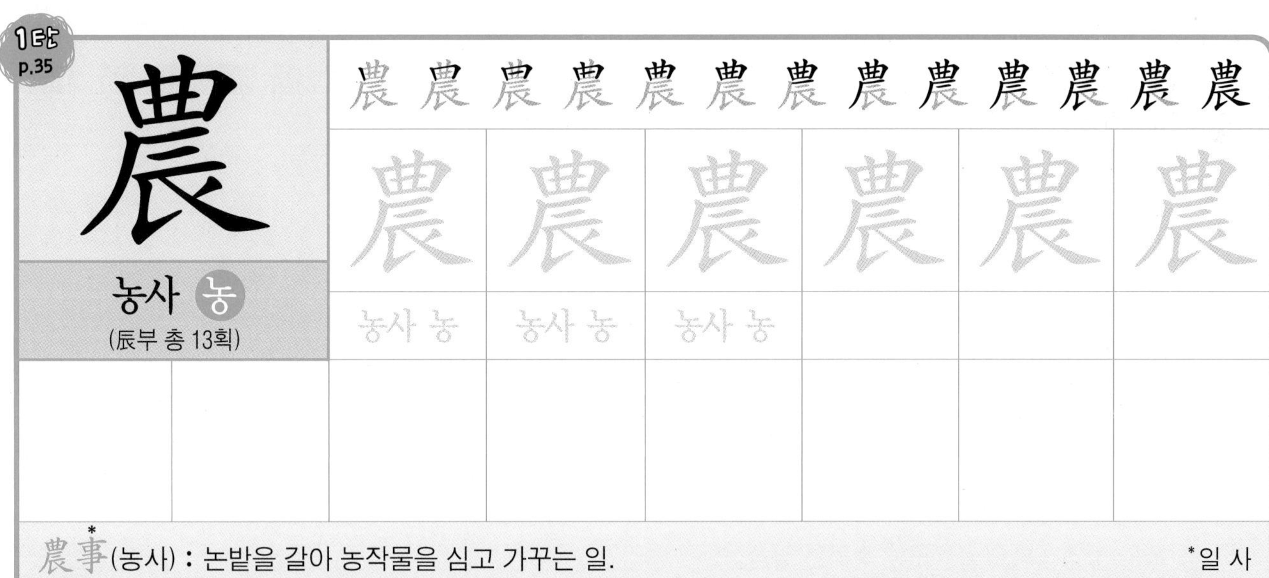

農事*(농사) : 논밭을 갈아 농작물을 심고 가꾸는 일. *일 사

예 올해 農事는 풍년입니다.

立*冬(입동) : 24절기의 하나로 겨울이 시작되는 시기. *설 립

예 立冬 전후로 김장을 담급니다.

1탄 p.36

冷

찰 랭
(冫부 총 7획)

冷 冷 冷 冷 冷 冷 冷

冷 冷 冷 冷 冷 冷

찰 랭 찰 랭 찰 랭

冷水*(냉수) : 차가운 물. *물 수

예 시원한 冷水 한 잔을 마셨습니다.

1탄 p.40

獨

홀로 독
(犬부 총 16획)

獨 獨 獨 獨 獨 獨 獨 獨 獨 獨 獨 獨 獨 獨 獨 獨

獨 獨 獨 獨 獨 獨

홀로 독 홀로 독 홀로 독

獨島*(독도) : 경상북도 울릉군에 속하는 화산섬. *섬 도

예 獨島는 우리나라 땅입니다.

1탄 p.41

馬

말 마
(馬부 총 10획)

馬 馬 馬 馬 馬 馬 馬 馬 馬 馬

馬 馬 馬 馬 馬 馬

말 마 말 마 말 마

馬車*(마차) : 말이 끄는 수레. *수레 차

예 꽃으로 장식된 馬車를 탔습니다.

앞에서 학습한 한자를 큰 소리로 읽으며, 다시 한 번 익혀 보세요.

土	基	壇	堂	場	在
흙 토	터 기	단 단	집 당	마당 장	있을 재
地	氣	雨	雪	雲	電
땅 지	기운 기	비 우	눈 설	구름 운	번개 전
白	的	百	夕	多	夜
흰 백	과녁 적	일백 백	저녁 석	많을 다	밤 야
外	出	凶	陸	陽	院
바깥 외	날 출	흉할 흉	뭍 륙	볕 양	집 원
原	空	窓	示	禮	福
언덕 원	빌 공	창문 창	보일 시	예도 례	복 복
社	神	祖	祝	石	金
모일 사	귀신 신	할아비 조	빌 축	돌 석	쇠 금
銀	鐵	球	理	班	王
은 은	쇠 철	공 구	다스릴 리	반 반	임금 왕
現	農	冬	冷	獨	馬
나타날 현	농사 농	겨울 동	찰 랭	홀로 독	말 마

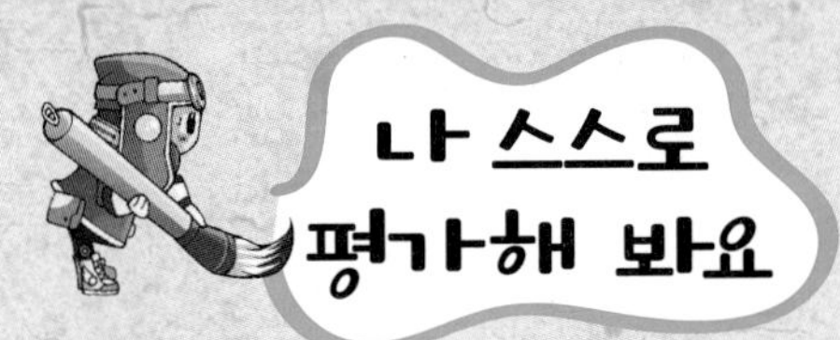

다음 한자의 훈과 음을 쓰세요.

土	基	壇	堂	場	在
地	氣	雨	雪	雲	電
白	的	百	夕	多	夜
外	出	凶	陸	陽	院
原	空	窓	示	禮	福
社	神	祖	祝	石	金
銀	鐵	球	理	班	王
現	農	冬	冷	獨	馬

다음 훈과 음에 해당하는 한자를 쓰세요.

흙 토	터 기	단 단	집 당	마당 장	있을 재
땅 지	기운 기	비 우	눈 설	구름 운	번개 전
흰 백	과녁 적	일백 백	저녁 석	많을 다	밤 야
바깥 외	날 출	흉할 흉	뭍 륙	볕 양	집 원
언덕 원	빌 공	창문 창	보일 시	예도 례	복 복
모일 사	귀신 신	할아비 조	빌 축	돌 석	쇠 금
은 은	쇠 철	공 구	다스릴 리	반 반	임금 왕
나타날 현	농사 농	겨울 동	찰 랭	홀로 독	말 마

5급 쓰기노트

1탄 p.42

美

아름다울 미
(⺷부 총 9획)

美 美 美 美 美 美 美 美 美

美人(미인) : 용모가 아름다운 여자. *사람 인

예 요즈음은 성형 美人이 많습니다.

1탄 p.43

魚

물고기 어
(魚부 총 11획)

魚 魚 魚 魚 魚 魚 魚 魚 魚 魚 魚

魚類(어류) : 물고기에 속하는 동물을 통틀어 이르는 말. *무리 류

예 고래는 魚類가 아니라 포유류입니다.

1탄 p.43

鮮

고울 선
(魚부 총 17획)

鮮 鮮 鮮 鮮 鮮 鮮 鮮 鮮 鮮 鮮 鮮 鮮 鮮 鮮 鮮 鮮 鮮

鮮明(선명) : 산뜻하고 뚜렷함. *밝을 명

예 사진이 鮮明하게 잘 나왔습니다.

1단 p.44

牛

소 우
(牛부 총 4획)

牛 牛 牛 牛

牛 牛 牛 牛 牛 牛

소 우 소 우 소 우

牛角(우각) : 소의 뿔. *뿔 각

예 牛角에 받쳐 허리를 다쳤습니다.

1단 p.44

物

물건 물
(牛부 총 8획)

物 物 物 物 物 物 物 物

物 物 物 物 物 物

물건 물 물건 물 물건 물

物件(물건) : 필요에 의해 만들어 낸 일정한 형태를 가진 것. *물건 건

예 가게에서 필요한 物件을 샀습니다.

1단 p.44

特

특별할 특
(牛부 총 10획)

特 特 特 特 特 特 特 特 特 特

特 特 特 特 特 特

특별할 특 특별할 특 특별할 특

特技(특기) : 남이 가지지 못한 특별한 기술이나 기능. *재주 기

예 우리 반에는 음악에 特技가 있는 학생이 많습니다.

5급 쓰기노트

1탄 p.45

號

이름 호
(虍부 총 13획)

號 號 號 號 號 號 號 號 號 號 號 號 號

信號(신호) : 떨어진 곳에서 서로 약속한 일정한 부호로 의사를 통하는 방법. *믿을 신

예 교통 信號를 잘 지켜야 합니다.

1탄 p.46

貴

귀할 귀
(貝부 총 12획)

貴 貴 貴 貴 貴 貴 貴 貴 貴 貴 貴 貴

貴重(귀중) : 귀중하고 중요함. *무거울 중

예 실패를 통해 貴重한 교훈을 얻었습니다.

1탄 p.46

買

살 매
(貝부 총 12획)

買 買 買 買 買 買 買 買 買 買 買 買

買入(매입) : 물품 따위를 사들임. *들 입

예 할아버지는 평생 땀 흘려 번 돈으로 토지를 買入했습니다.

賣買(매매) : 물건을 팔고 사는 일. *살 매

예 경기가 좋아지자 자동차 賣買가 활발해졌습니다.

1단 p.46

費

쓸 비

(貝부 총 12획)

쓸 비 쓸 비 쓸 비

會費(회비) : 모임을 유지하기 위해 회원들에게 걷는 돈. *모일 회

예 한 달에 한 번씩 會費를 걷습니다.

1단 p.46

賞

상줄 상

(貝부 총 15획)

상줄 상 상줄 상 상줄 상

賞品(상품) : 상으로 주는 물품. *물건 품

예 노래 대회에서 賞品으로 냉장고를 받았습니다.

5급 쓰기노트

1탄 p.46

財

재물 재
(貝부 총 10획)

財 財 財 財 財 財 財 財 財 財

財(재물) : 돈이나 그 밖의 값나가는 모든 물건. *물건 물

예 그는 열심히 일해서 財物을 모았습니다.

1탄 p.46

貯

쌓을 저
(貝부 총 12획)

貯 貯 貯 貯 貯 貯 貯 貯 貯 貯 貯 貯

貯金(저금) : 돈을 모아 둠. *쇠 금

예 세계 여행을 가기 위해서 열심히 貯金을 했습니다.

1탄 p.46

質

바탕 질
(貝부 총 15획)

質 質 質 質 質 質 質 質 質 質 質 質 質 質 質

質問(질문) : 모르거나 의심나는 점을 물음. *물을 문

예 선생님 質問에 큰 목소리로 답했습니다.

1단 p.46

責

꾸짖을 책
(貝부 총 11획)

責 責 責 責 責 責 責 責 責 責 責

責 責 責 責 責 責

꾸짖을 책 꾸짖을 책 꾸짖을 책

責任*(책임) : 맡아서 해야 할 임무나 의무. *맡길 임

예 맡은 일에 責任을 다해야 합니다.

1단 p.47

雄

수컷 웅
(隹부 총 12획)

雄 雄 雄 雄 雄 雄 雄 雄 雄 雄 雄 雄

雄 雄 雄 雄 雄 雄

수컷 웅 수컷 웅 수컷 웅

雄大*(웅대) : 웅장하고 큼. *큰 대

예 새로 지은 건물은 아주 雄大했습니다.

1단 p.47

集

모을 집
(隹부 총 12획)

集 集 集 集 集 集 集 集 集 集 集 集

集 集 集 集 集 集

모을 집 모을 집 모을 집

集中*(집중) : 한곳을 중심으로 하여 모임. *가운데 중

예 도시로 인구가 集中되었습니다.

1탄 p.50

風

바람 풍
(風부 총 9획)

風 風 風 風 風 風 風 風 風

風 風 風 風 風 風

바람 풍 바람 풍 바람 풍

風景(풍경) : 경치나 어떤 정경이나 상황. *별 경

예 시골 장날의 風景이 떠올랐습니다.

1탄 p51

形

모양 형
(彡부 총 7획)

形 形 形 形 形 形 形

形 形 形 形 形 形

모양 형 모양 형 모양 형

形體(형체) : 물건의 생김새나 그 바탕이 되는 몸. *몸 체

예 건물이 모두 타서 形體를 알아볼 수 없었습니다.

1탄 p.52

習

익힐 습
(羽부 총 11획)

習 習 習 習 習 習 習 習 習 習 習

習 習 習 習 習 習

익힐 습 익힐 습 익힐 습

習性(습성) : 습관이 되어 버린 성질. *성품 성

예 과학자들은 동물들의 習性을 연구합니다.

1단 p.53

體

몸 체
(骨부 총 23획)

體 體 體 體 體 體 體 體 體 體 體 體 體 體 體 體 體

體 體 體 體 體 體

몸 체 몸 체 몸 체

體育(체육) : 일정한 운동 따위를 통하여 신체를 튼튼하게 단련시키는 일. *기를 육

예 體育 시간에 다 함께 축구를 하였습니다.

1단 p.54

角

뿔 각
(角부 총 7획)

角 角 角 角 角 角 角

角 角 角 角 角 角

뿔 각 뿔 각 뿔 각

直角(직각) : 두 직선이 만나서 이루는 90도의 각. *곧을 직

예 허리와 의자를 直角으로 해서 앉았습니다.

1단 p.55

能

능할 능
(肉부 총 10획)

能 能 能 能 能 能 能 能 能 能

能 能 能 能 能 能

능할 능 능할 능 능할 능

能力(능력) : 일을 감당해 낼 수 있는 힘. *힘 력

예 각자의 能力을 맘껏 발휘하였습니다.

1탄 p.55

育

기를 육
(肉부 총 8획)

育 育 育 育 育 育 育 育

育	育	育	育	育	育
기를 육	기를 육	기를 육			

育成*(육성) : 길러 자라게 함. *이룰 성

예 미래의 축구 선수를 育成했습니다.

1탄 p.56

死

죽을 사
(歹부 총 6획)

死 死 死 死 死 死

死	死	死	死	死	死
죽을 사	죽을 사	죽을 사			

死活*(사활) : 죽기와 살기. *살 활

예 회사의 死活이 걸린 문제입니다.

1탄 p.60

木

나무 목
(木부 총 4획)

木 木 木 木

木	木	木	木	木	木
나무 목	나무 목	나무 목			

古*木(고목) : 오래 묵은 나무. *예 고

예 마을 입구에는 커다란 古木 한 그루가 서 있습니다.

*合格(합격) : 시험에서 일정한 자격을 얻음. *합할 합

예 대학시험에 수석으로 合格했습니다.

*結果(결과) : 열매를 맺음. *맺을 결

예 노력의 結果로 승리할 수 있었습니다.

1단
p.60

橋

다리 교
(木부 총 16획)

다리 교	다리 교	다리 교

*陸橋(육교) : 사람이 도로를 안전하게 건널 수 있게 공중으로 건너질러 놓은 다리. *뭍 륙

예 학교에 가려면 陸橋를 건너가야 합니다.

1탄 p.60

校

학교 교
(木부 총 10획)

校 校 校 校 校 校 校 校 校 校

校 校 校 校 校 校

학교 교 학교 교 학교 교

校門*(교문) : 학교의 정문. *문 문

예 입학식 날 校門 앞은 꽃장수들로 북적였습니다.

1탄 p.60

根

뿌리 근
(木부 총 10획)

根 根 根 根 根 根 根 根 根 根

根 根 根 根 根 根

뿌리 근 뿌리 근 뿌리 근

根本*(근본) : 사물의 본질이나 본바탕. *근본 본

예 병을 고치기 위해서는 제일 먼저 根本 원인을 알아야 합니다.

1탄 p.60

東

동녘 동
(木부 총 8획)

東 東 東 東 東 東 東 東

東 東 東 東 東 東

동녘 동 동녘 동 동녘 동

東海*(동해) : 동쪽에 있는 바다. *바다 해

예 東海의 일출은 정말 아름답습니다.

樂園*(낙원) : 괴로움이나 고통이 전혀 없는 즐거운 곳. *동산 원

예 이 섬은 지상의 樂園이라고 불립니다.

李白*(예절) : 중국 당나라의 시인. *흰 백

예 李白과 두보는 당나라를 대표하는 시인입니다.

1단 p.60

林

수풀 림

(木부 총 8획)

林	林	林	林	林	林
수풀 림	수풀 림	수풀 림			

林野*(임야) : 숲과 들을 아울러 이르는 말. *들 야

예 할아버지는 많은 林野를 갖고 계십니다.

1탄 p.60

末

끝 말
(木부 총5획)

末 末 末 末 末

末	末	末	末	末	末
끝 말	끝 말	끝 말			

末年*(말년) : 일생의 마지막 무렵. *해 년

예 末年을 행복하게 보냈습니다.

1탄 p.60

朴

성/소박할 박
(木부 총6획)

朴 朴 朴 朴 朴 朴

朴	朴	朴	朴	朴	朴
성/소박할 박	성/소박할 박	성/소박할 박			

質*朴(질박) : 꾸민 데가 없이 수수함. *바탕 질

예 뚝배기에는 質朴한 아름다움이 있습니다.

1탄 p.60

本

근본 본
(木부 총5획)

本 本 本 本 本

本	本	本	本	本	本
근본 본	근본 본	근본 본			

本性*(본성) : 사람이 본디부터 가진 성질. *성품 성

예 本性이 나쁜 사람은 없습니다.

1단 p.60

查

조사할 사

(木부 총 9획)

查正(사정) : 조사하여 그릇된 것을 바로잡음. *바를 정

예 부패에 대한 대대적인 查正을 했습니다.

1단 p.60

束

묶을 속

(木부 총 7획)

約束(약속) : 상대방과 어떤 일을 할 것을 미리 정하는 것. *묶을 약

예 約束 시간에 조금 늦었습니다.

1단 p.60

樹

나무 수

(木부 총 16획)

樹 樹 樹 樹 樹 樹 樹 樹 樹 樹 樹 樹 樹 樹 樹 樹

樹 樹 樹 樹 樹 樹

나무 수 나무 수 나무 수

樹木(수목) : 살아 있는 나무. *나무 목

예 우리 집은 울창한 樹木으로 둘러싸여 있습니다.

1탄 p.60

植

심을 식
(木부 총 12획)

植 植 植 植 植 植 植 植 植 植 植 植

植 植 植 植 植 植

심을 식 심을 식 심을 식

植木(식목) : 나무를 심음. *나무 목

예 植木 행사가 시작되었습니다.

1탄 p.60

案

책상 안
(木부 총 10획)

案 案 案 案 案 案 案 案 案 案

案 案 案 案 案 案

책상 안 책상 안 책상 안

案內(안내) : 어떤 내용을 소개하여 알려 줌. *안 내

예 案內 방송이 나왔습니다.

1탄 p.60

業

업 업
(木부 총 13획)

業 業 業 業 業 業 業 業 業 業 業 業 業

業 業 業 業 業 業

업 업 업 업 업 업

業種(업종) : 직업이나 영업의 종류. *씨 종

예 이번 행사에는 다양한 業種의 사람들이 골고루 참석하였습니다.

1단 p.60

材

재목 재
(木부 총7획)

材料*(재료) : 물건을 만들 때, 그 바탕으로 사용하는 것. *헤아릴 료

예 시장에서 음식 材料를 샀습니다.

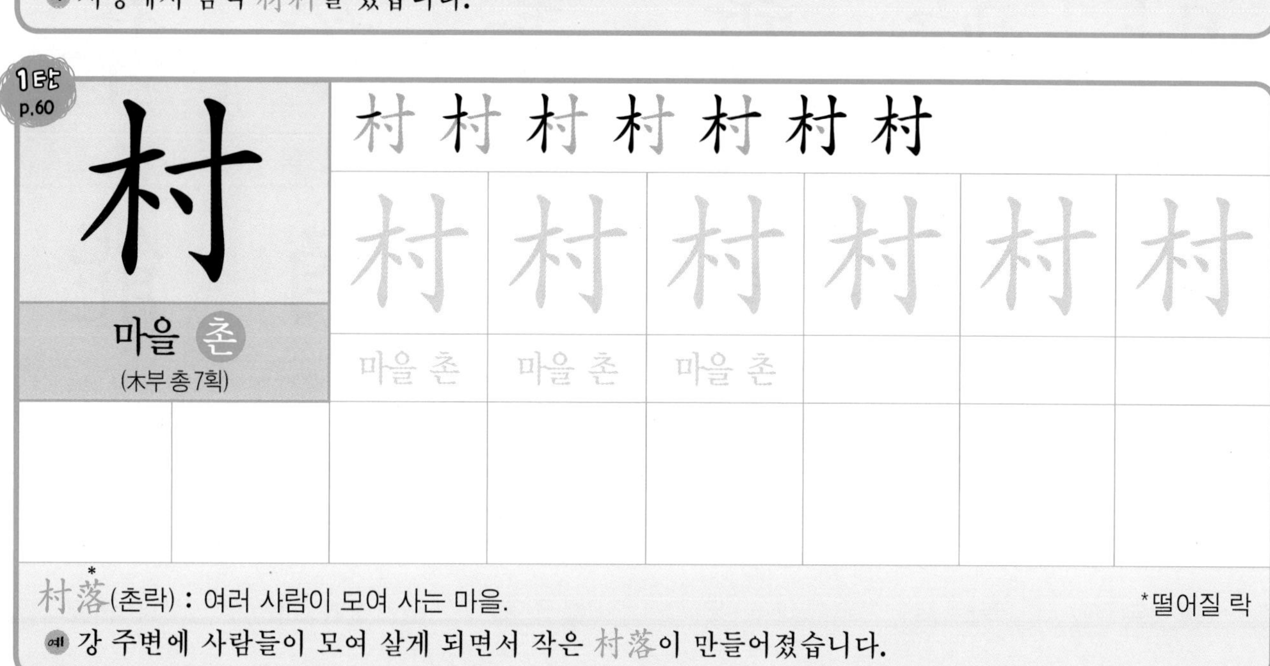

1단 p.60

村

마을 촌
(木부 총7획)

村落*(촌락) : 여러 사람이 모여 사는 마을. *떨어질 락

예 강 주변에 사람들이 모여 살게 되면서 작은 村落이 만들어졌습니다.

1단 p.60

板

널 판
(木부 총8획)

板局*(판국) : 일이 벌어져 있는 형편. *판 국

예 일이 돌아가는 板局을 알 수 없었습니다.

앞에서 학습한 한자를 큰 소리로 읽으며, 다시 한 번 익혀 보세요.

美	魚	鮮	牛	物	特
아름다울 미	물고기 어	고울 선	소 우	물건 물	특별할 특
號	貴	買	賣	費	賞
이름 호	귀할 귀	살 매	팔 매	쓸 비	상줄 상
財	貯	質	責	雄	集
재물 재	쌓을 저	바탕 질	꾸짖을 책	수컷 웅	모을 집
風	形	習	體	角	能
바람 풍	모양 형	익힐 습	몸 체	뿔 각	능할 능
育	死	木	格	果	橋
기를 육	죽을 사	나무 목	격식 격	실과 과	다리 교
校	根	東	樂	李	林
학교 교	뿌리 근	동녘 동	즐길 락	오얏 리	수풀 림
末	朴	本	査	束	樹
끝 말	성 박	근본 본	조사할 사	묶을 속	나무 수
植	案	業	材	村	板
심을 식	책상 안	업 업	재목 재	마을 촌	널 판

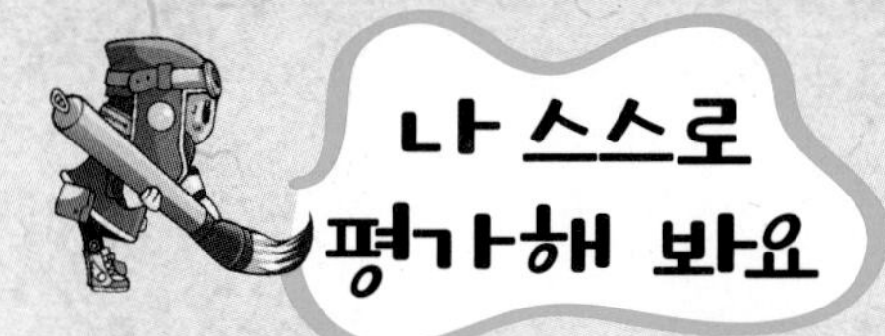

다음 한자의 훈과 음을 쓰세요.

美	魚	鮮	牛	物	特
號	貴	買	賣	費	賞
財	貯	質	責	雄	集
風	形	習	體	角	能
育	死	木	格	果	橋
校	根	東	樂	李	林
末	朴	本	査	束	樹
植	案	業	材	村	板

다음 훈과 음에 해당하는 한자를 쓰세요.

아름다울 미	물고기 어	고울 선	소 우	물건 물	특별할 특
이름 호	귀할 귀	살 매	팔 매	쓸 비	상줄 상
재물 재	쌓을 저	바탕 질	꾸짖을 책	수컷 웅	모을 집
바람 풍	모양 형	익힐 습	몸 체	뿔 각	능할 능
기를 육	죽을 사	나무 목	격식 격	실과 과	다리 교
학교 교	뿌리 근	동녘 동	즐길 락	오얏 리	수풀 림
끝 말	성 박	근본 본	조사할 사	묶을 속	나무 수
심을 식	책상 안	업 업	재목 재	마을 촌	널 판

1단 p.62

生

날 생
(生부 총 5획)

生 生 生 生 生

生 生 生 生 生 生

날 생 날 생 날 생

生日(생일) : 세상에 태어난 날. *날 일

예 다 함께 生日 축하 노래를 불렀습니다.

1단 p.62

産

낳을 산
(生부 총 11획)

産 産 産 産 産 産 産 産 産 産 産

産 産 産 産 産 産

낳을 산 낳을 산 낳을 산

産地(산지) : 생산되어 나오는 곳. *땅 지

예 이 딸기는 産地에서 직접 배송됩니다.

1단 p.63

靑

푸를 청
(靑부 총 8획)

靑 靑 靑 靑 靑 靑 靑 靑

靑 靑 靑 靑 靑 靑

푸를 청 푸를 청 푸를 청

靑年(청년) : 젊은 남자, 주로 10 20대 남자를 이름. *해 년

예 건장한 靑年이 문 앞에 서 있었습니다.

5급 쓰기노트

1단 p.64

民

백성 민
(氏부 총 5획)

民 民 民 民 民

民 民 民 民 民 民

백성 민 백성 민 백성 민

民心*(민심) : 백성의 마음. *마음 심

예 훌륭한 임금은 항상 民心의 소리에 귀 기울입니다.

1단 p.65

科

과목 과
(禾부 총 9획)

科 科 科 科 科 科 科 科 科

科 科 科 科 科 科

과목 과 과목 과 과목 과

科目*(과목) : 학습하는 내용을 여러 갈래로 구별하여 나누어 놓은 것. *눈 목

예 내가 제일 좋아하는 科目은 수학입니다.

1단 p.65

種

씨 종
(禾부 총 14획)

種 種 種 種 種 種 種 種 種 種 種 種 種 種

種 種 種 種 種 種

씨 종 씨 종 씨 종

種類*(종류) : 공통되는 상태나 특성으로 나눈 사물의 갈래. *무리 류

예 여러 種類의 음식을 맘껏 먹었습니다.

1단 p.65

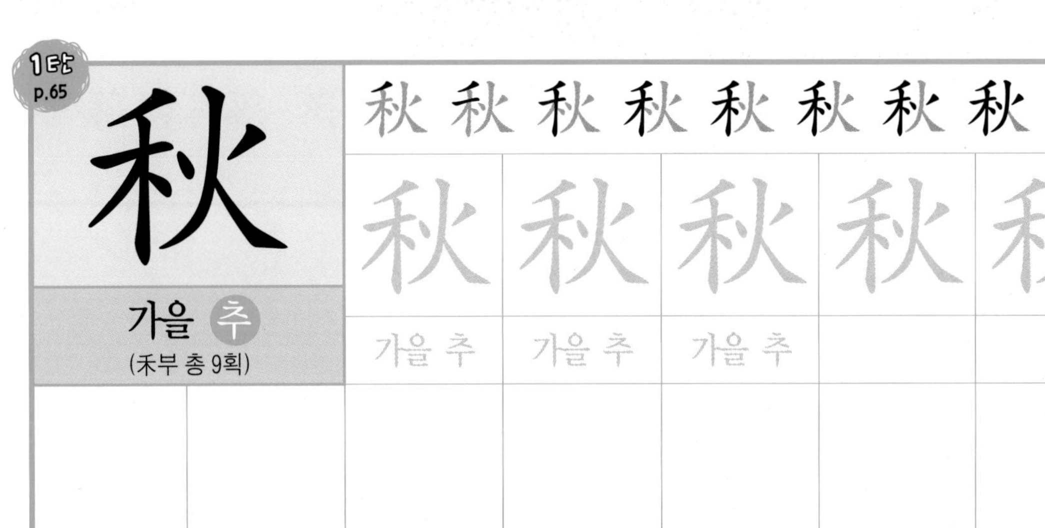

秋

가을 추
(禾부 총 9획)

秋 秋 秋 秋 秋 秋 秋 秋 秋

가을 추 가을 추 가을 추

秋夕*(추석) : 우리나라 명절의 하나로, 음력 팔월 십오일. *저녁 석

예 秋夕에는 송편을 먹고, 보름달을 보며 소원을 빕니다.

1단 p.66

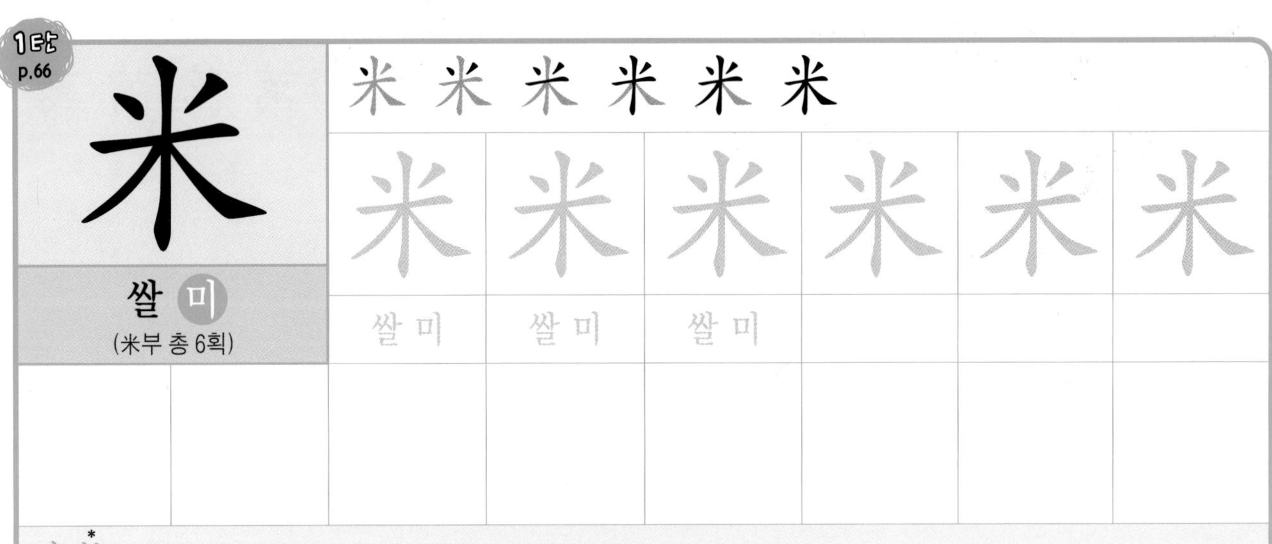

米

쌀 미
(米부 총 6획)

米 米 米 米 米 米

쌀 미 쌀 미 쌀 미

米飮*(미음) : 쌀에 물을 충분히 붓고 푹 끓여 체에 걸러 낸 걸쭉한 음식. *마실 음

예 환자에게 米飮을 주었습니다.

1단 p.67

苦

쓸 고
(艸부 총 9획)

苦 苦 苦 苦 苦 苦 苦 苦 苦

쓸 고 쓸 고 쓸 고

苦待*(고대) : 몹시 기다림. *기다릴 대

예 여름 방학을 苦待하였습니다.

5급 쓰기노트

1탄 p.67

落

떨어질 락
(艹부 총 13획)

落 落 落 落 落 落 落 落 落 落 落 落 落

落	落	落	落	落	落
떨어질 락	떨어질 락	떨어질 락			

下*落(하락) : 값이나 등급 따위가 떨어지는 것. *아래 하
예 성적이 크게 下落했습니다.

1탄 p.67

萬

일만 만
(艹부 총 13획)

萬 萬 萬 萬 萬 萬 萬 萬 萬 萬 萬 萬 萬

萬	萬	萬	萬	萬	萬
일만 만	일만 만	일만 만			

萬物*(만물) : 세상에 있는 모든 것. *물건 물
예 인간은 萬物의 영장입니다.

1탄 p.67

藥

약 약
(艹부 총 19획)

藥 藥 藥 藥 藥 藥 藥 藥 藥 藥 藥 藥 藥 藥 藥 藥 藥

藥	藥	藥	藥	藥	藥
약 약	약 약	약 약			

藥草*(약초) : 약으로 쓰는 풀. *풀 초
예 할아버지는 산에서 藥草를 캐십니다.

1단 p.67

葉

잎 엽 (艹부 총 13획)

落*葉(낙엽) : 말라서 떨어진 나뭇잎. *떨어질 락

예 길바닥에 落葉이 수북이 쌓였습니다.

1단 p.67

英

꽃부리 영 (艹부 총 9획)

英才*(영재) : 뛰어난 재능이나 높은 지능을 가진 사람. *재주 재

예 이 대학교에서는 매년 시험을 통해 과학 英才를 뽑아 교육시킵니다.

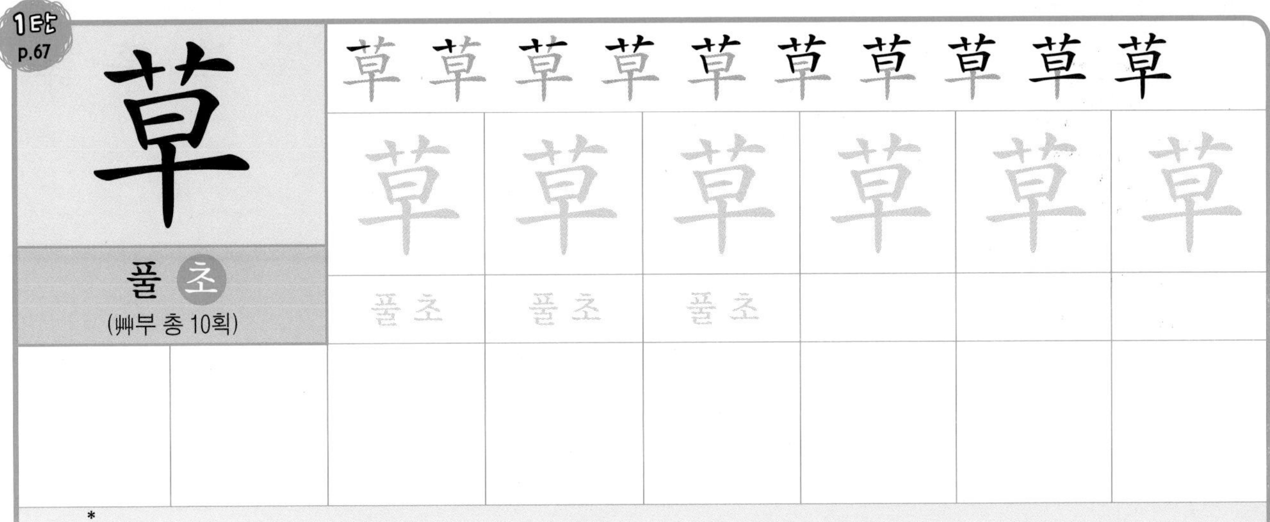

1단 p.67

草

풀 초 (艹부 총 10획)

草原*(초원) : 풀이 나 있는 들판 *언덕 원

예 양 떼가 草原에서 풀을 뜯고 있습니다.

1탄 p.67

花

꽃 화
(艸부 총 8획)

花 花 花 花 花 花 花 花

花 花 花 花 花 花

꽃 화 꽃 화 꽃 화

花園(화원) : 꽃을 심은 동산, 꽃을 파는 가게. *동산 원

예 花園에서 장미 한 다발을 샀습니다.

1탄 p.68

答

대답 답
(竹부 총 12획)

答 答 答 答 答 答 答 答 答 答 答 答

答 答 答 答 答 答

대답 답 대답 답 대답 답

答案(답안) : 문제의 해답이나 그 해답을 쓴 것. *책상 안

예 시험 答案을 작성 중입니다.

1탄 p.68

等

무리 등
(竹부 총 12획)

等 等 等 等 等 等 等 等 等 等 等 等

等 等 等 等 等 等

무리 등 무리 등 무리 등

等級(등급) : 높고 낮음이나 좋고 나쁨 따위의 차이를 여러 층으로 구분한 단계. *등급 급

예 수확한 과일은 等級을 매겨 판매합니다.

算出(산출) : 계산하여 냄. *날 출

예 생산 가격을 정확히 算出해야 물건의 가격을 제대로 정할 수 있습니다.

1단 p.68

節

마디 절

(竹부 총 15획)

마디 절 마디 절 마디 절

節約(절약) : 함부로 쓰지 아니하고 꼭 필요한 데에만 써서 아낌. *아낄 약

예 에너지 節約을 합시다.

1단 p.68

第

차례 제

(竹부 총 11획)

차례 제 차례 제 차례 제

第一(제일) : 여럿 가운데서 첫째가는 것. *한 일

예 내가 第一 좋아하는 음식은 비빔밥입니다.

1탄 p.68

筆

붓 필
(竹부 총 12획)

筆 筆 筆 筆 筆 筆 筆 筆 筆 筆

筆 筆 筆 筆 筆 筆

붓 필 붓 필 붓 필

筆記*(필기) : 글씨를 씀. *기록할 기

예 중요한 내용을 공책에 筆記했습니다.

1탄 p.69

九

아홉 구
(乙부 총 2획)

九 九

九 九 九 九 九 九

아홉 구 아홉 구 아홉 구

九月*(구월) : 한 해의 아홉 번째 달. *달 월

예 九月에 학교 운동회가 열립니다.

1탄 p.74

里

마을 리
(里부 총 7획)

里 里 里 里 里 里 里

里 里 里 里 里 里

마을 리 마을 리 마을 리

里長*(이장) : 행정 구역의 단위인 '리(里)'를 대표하여 일을 맡아 보는 사람. *어른 장

예 새로 뽑힌 里長은 마을을 위해 열심히 봉사했습니다.

分量(분량) : 수효, 무게 따위의 많고 적음이나 부피의 크고 작은 정도. *나눌 분

예 주어진 원고지 分量 대로 글을 써야 합니다.

野生(야생) : 산이나 들에서 저절로 나서 자람. *날 생

예 野生 동물을 보호해야 합니다.

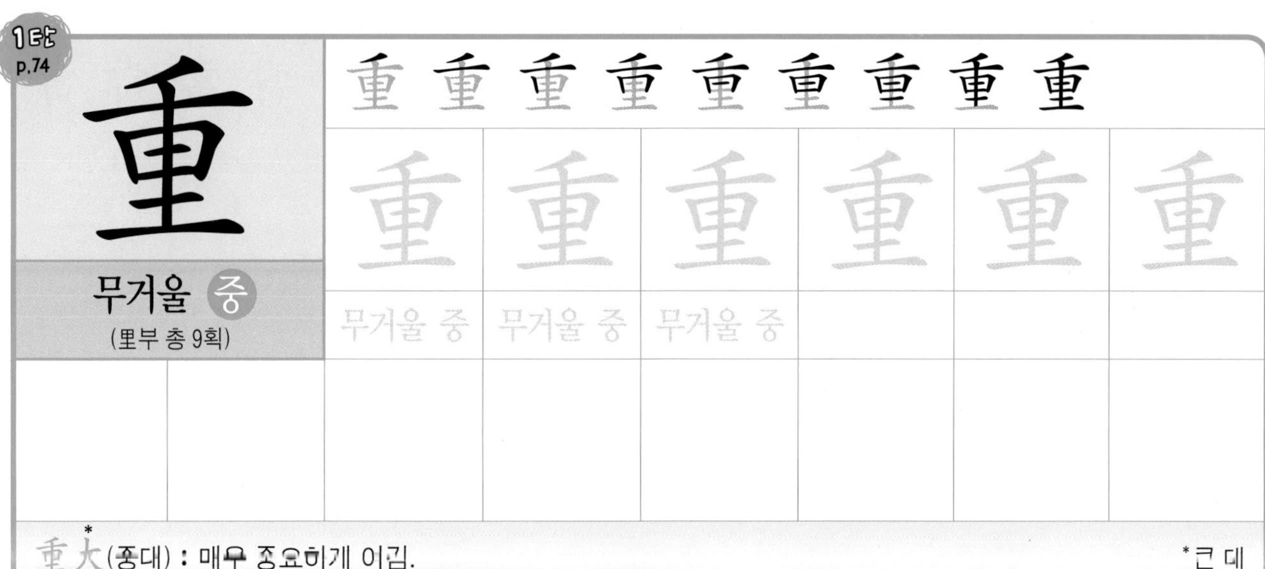

重大(중대) : 매우 중요하게 여김. *큰 대

예 누구나 重大 결단을 해야 할 때가 있습니다.

5급 쓰기노트

1탄 p.75

界

지경 계
(田부 총 9획)

界 界 界 界 界 界 界 界 界

界 界 界 界 界 界

지경 계 지경 계 지경 계

學*界(학계) : 학문을 연구하는 사회. *배울 학

예 박 교수의 논문은 學界의 주목을 받았습니다.

1탄 p.75

男

사내 남
(田부 총 7획)

男 男 男 男 男 男 男

男 男 男 男 男 男

사내 남 사내 남 사내 남

男女*(남녀) : 남자와 여자를 아울러 이르는 말. *계집 녀

예 우리 학교는 男女 공학입니다.

1탄 p.75

當

마땅 당
(田부 총 13획)

當 當 當 當 當 當 當 當 當 當 當 當 當

當 當 當 當 當 當

마땅 당 마땅 당 마땅 당

當選*(당선) : 선거에서 뽑힘. *가릴 선

예 미국 사상 최초로 흑인 대통령이 當選되었습니다.

番號*(번호) : 차례를 나타내거나 식별하기 위해 붙이는 숫자. *부를 호

예 극장 의자에는 좌석 番號가 매겨져 있습니다.

由來*(유래) : 사물이나 일이 생겨남. *올 래

예 올림픽은 고대 그리스의 올림피아제에서 由來되었습니다.

畫家*(화가) : 그림 그리는 것을 직업으로 하는 사람. *집 가

예 세계적인 畫家들의 작품이 한자리에 전시됩니다.

1탄 p.76

船

배 선
(舟부 총 11획)

船 船 船 船 船 船 船 船 船 船 船

船 船 船 船 船 船

배 선 배 선 배 선

船長(선장) : 항해를 지휘하고 선원을 통솔하는 최고 책임자. *어른 장

예 선원은 船長의 지시를 따라야 합니다.

1탄 p.77

車

수레 거/차
(車부 총 7획)

車 車 車 車 車 車 車

車 車 車 車 車 車

수레 거/차 수레 거/차 수레 거/차

車道(차도) : 자동차가 다닐 수 있도록 만든 길. *길 도

예 축구공이 車道로 굴러갔습니다.

1탄 p.77

輕

가벼울 경
(車부 총 14획)

輕 輕 輕 輕 輕 輕 輕 輕 輕 輕 輕 輕 輕 輕

輕 輕 輕 輕 輕 輕

가벼울 경 가벼울 경 가벼울 경

輕重(경중) : 가벼움과 무거움. *무거울 중

예 죄의 輕重에 따라 처벌합니다.

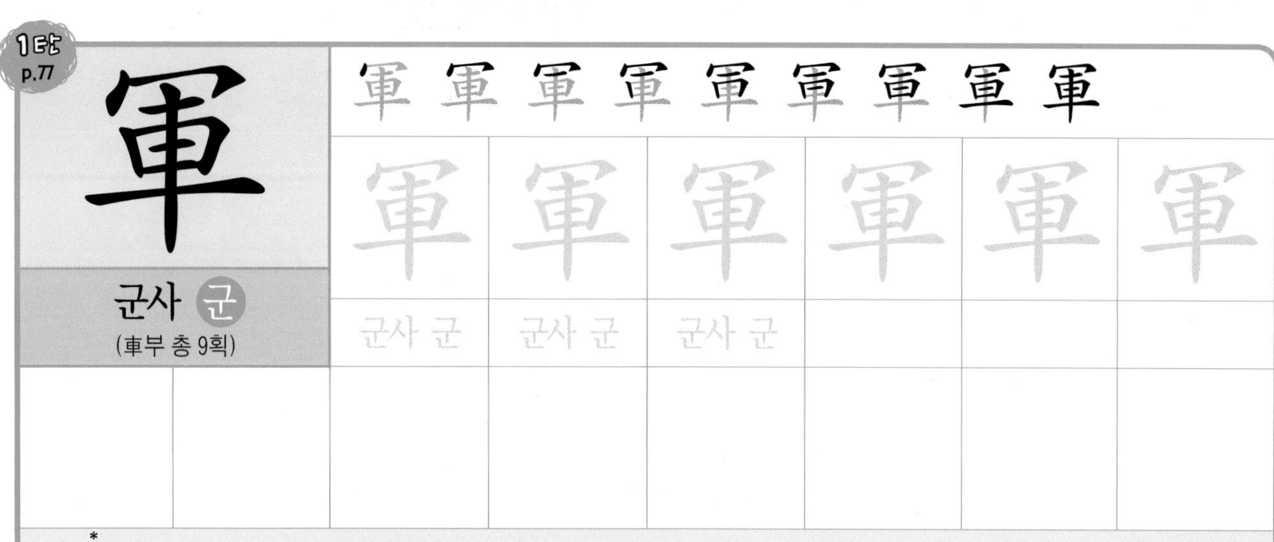

軍歌(군가) : 군대의 사기를 북돋우기 위하여 부르는 노래. *노래 가

예 軍歌가 힘차게 울려 퍼졌습니다.

所聞(소문) : 사람들 입에 오르내리면서 널리 알려진 말이나 소식. *들을 문

예 이곳은 所聞난 음식점답게 항상 손님들로 북적입니다.

家計(가계) : 한 집안 살림의 수입과 지출의 상태. *셀 계

예 家計대출이 점점 늘어나고 있습니다.

1탄 p.79

客

손 객
(宀부 총 9획)

客 客 客 客 客 客 客 客 客

客地(객지) : 자기 집을 멀리 떠나 임시로 있는 곳. *땅 지

예 삼촌은 客地 생활을 오래 했습니다.

1탄 p.79

寫

베낄 사
(宀부 총 15획)

寫 寫 寫 寫 寫 寫 寫 寫 寫 寫 寫 寫

寫本(사본) : 원본을 그대로 베낌. *근본 본

예 계약서 寫本을 제시했습니다.

1탄 p.79

宿

잘 숙 별자리 수
(宀부 총 11획)

宿 宿 宿 宿 宿 宿 宿 宿 宿 宿 宿

宿願(숙원) : 오랫동안 품어 온 염원이나 소망. *원할 원

예 마을의 宿願 사업을 이루었습니다.

1단 p.79

實

열매 실 (宀부 총 14획)

實 實 實 實 實 實 實 實 實 實 實 實 實 實

實 實 實 實 實 實

열매 실 열매 실 열매 실

實力*(실력) : 실제로 갖추고 있는 힘이나 능력. *힘 력

예 반장은 영어 實力이 뛰어납니다.

1단 p.79

室

집/방 실 (宀부 총 9획)

室 室 室 室 室 室 室 室 室

室 室 室 室 室 室

집/방 실 집/방 실 집/방 실

室內*(실내) : 방이나 건물 따위의 안. *안 내

예 室內 수영장에서 수영을 했습니다.

1단 p.79

安

편안 안 (宀부 총 6획)

安 安 安 安 安 安

安 安 安 安 安 安

편안 안 편안 안 편안 안

安全*(안전) : 위험이 생기거나 사고가 날 염려가 없음. *온전 전

예 반드시 安全 벨트를 착용합시다.

1탄 p.79

完

완전할 완
(宀부 총 7획)

完 完 完 完 完 完 完

完 完 完 完 完 完

완전할 완 완전할 완 완전할 완

完成*(완성) : 완전히 다 이룸. *이룰 성

예 건물이 드디어 完成되었습니다.

1탄 p.79

定

정할 정
(宀부 총 8획)

定 定 定 定 定 定 定 定

定 定 定 定 定 定

정할 정 정할 정 정할 정

定期*(정기) : 기한이나 기간이 정해진 것. *기약할 기

예 오늘은 定期 휴일입니다.

1탄 p.79

宅

집 택 집 댁
(宀부 총 6획)

宅 宅 宅 宅 宅 宅

宅 宅 宅 宅 宅 宅

집 택/집 댁 집 택/집 댁 집 택/집 댁

宅地*(택지) : 집을 짓기 위한 땅. *땅 지

예 새로운 宅地가 마련될 예정입니다.

앞에서 학습한 한자를 큰 소리로 읽으며, 다시 한 번 익혀 보세요.

生	産	青	民	科	種
날 생	낳을 산	푸를 청	백성 민	과목 과	씨 종
秋	米	苦	落	萬	藥
가을 추	쌀 미	쓸 고	떨어질 락	일만 만	약 약
葉	英	草	花	答	等
잎 엽	꽃부리 영	풀 초	꽃 화	대답 답	무리 등
算	節	第	筆	九	里
셈 산	마디 절	차례 제	붓 필	아홉 구	마을 리
量	野	重	界	男	當
헤아릴 량	들 야	무거울 중	지경 계	사내 남	마땅 당
番	由	畫	船	車	輕
차례 번	말미암을 유	그림 화	배 선	수레 거	가벼울 경
軍	所	家	客	寫	宿
군사 군	바 소	집 가	손 객	베낄 사	잘 숙
實	室	安	完	定	宅
열매 실	집 실	편안 안	완전할 완	정할 정	집 택

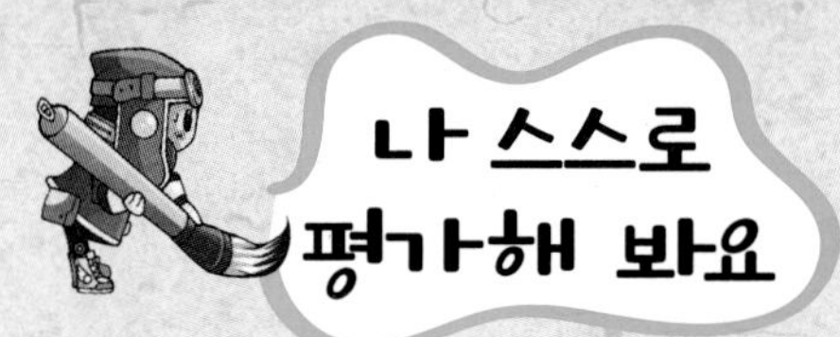

다음 한자의 훈과 음을 쓰세요.

生	產	青	民	科	種
秋	米	苦	落	萬	藥
葉	英	草	花	答	等
算	節	第	筆	九	里
量	野	重	界	男	當
番	由	畫	船	車	輕
軍	所	家	客	寫	宿
實	室	安	完	定	宅

다음 훈과 음에 해당하는 한자를 쓰세요.

날 생	낳을 산	푸를 청	백성 민	과목 과	씨 종
가을 추	쌀 미	쓸 고	떨어질 락	일만 만	약 약
잎 엽	꽃부리 영	풀 초	꽃 화	대답 답	무리 등
셈 산	마디 절	차례 제	붓 필	아홉 구	마을 리
헤아릴 량	들 야	무거울 중	지경 계	사내 남	마땅 당
차례 번	말미암을 유	그림 화	배 선	수레 거	가벼울 경
군사 군	바 소	집 가	손 객	베낄 사	잘 숙
열매 실	집 실	편안 안	완전할 완	정할 정	집 택

5급 쓰기노트

1탄 p.79

寒

찰 한
(宀부 총 12획)

寒 寒 寒 寒 寒 寒 寒 寒 寒 寒 寒 寒

寒 寒 寒 寒 寒 寒

찰 한 찰 한 찰 한

寒氣*(한기) : 추운 기운. *기운 기

예 방 안에 寒氣가 돌았습니다.

1탄 p.79

害

해할 해
(宀부 총 10획)

害 害 害 害 害 害 害 害 害 害

害 害 害 害 害 害

해할 해 해할 해 해할 해

害惡*(해악) : 해로움과 악함을 아울러 이르는 말. *악할 악

예 지역감정은 나라의 큰 害惡이 됩니다.

1탄 p.80

廣

넓을 광
(广부 총 15획)

廣 廣 廣 廣 廣 廣 廣 廣 廣 廣 廣 廣 廣 廣 廣

廣 廣 廣 廣 廣 廣

넓을 광 넓을 광 넓을 광

廣場*(광장) : 많은 사람이 모일 수 있게 거리에 만들어 놓은 넓은 장소. *마당 장

예 서울 廣場에서 문화제가 열렸습니다.

1단 p.80

店

가게 점
(广부 총 8획)

가게 점 | 가게 점 | 가게 점

商店(상점) : 일정한 시설을 갖추고 물건을 파는 곳.

*장사 상

예 인터넷의 발달로 온라인 商店이 생겨났습니다.

1탄 p.80

庭

뜰 정
(广부 총 10획)

庭 庭 庭 庭 庭 庭 庭 庭 庭 庭

庭 庭 庭 庭 庭 庭

뜰 정 뜰 정 뜰 정

庭園(정원) : 집 안에 있는 뜰이나 꽃밭. *동산 원

예 우리 집에는 예쁜 庭園이 있습니다.

1탄 p.81

高

높을 고
(高부 총 10획)

高 高 高 高 高 高 高 高 高 高

高 高 高 高 高 高

높을 고 높을 고 높을 고

高空(고공) : 높은 공중. *빌 공

예 국군의 날 행사 때 高空 낙하 시범이 있었습니다.

1탄 p.82

門

문 문
(門부 총 8획)

門 門 門 門 門 門 門 門

門 門 門 門 門 門

문 문 문 문 문 문

大門(대문) : 큰 문. *큰 대

예 大門이 활짝 열려 있었습니다.

1단 p.82

間

사이 간
(門부 총 12획)

間 間 間 間 間 間 間 間 間 間 間 間

間 間 間 間 間 間

사이 간 사이 간 사이 간

間食(간식) : 끼니와 끼니 사이에 음식을 먹음. *먹을 식

예 間食으로 고구마를 먹었습니다.

1단 p.82

開

열 개
(門부 총 12획)

開 開 開 開 開 開 開 開 開 開 開 開

開 開 開 開 開 開

열 개 열 개 열 개

開發(개발) : 토지나 천연자원 따위를 개척하여 유용하게 만듦. *필 발

예 무분별한 開發로 생태계가 파괴되고 있습니다.

1단 p.82

關

관계할 관
(門부 총 19획)

關 關 關 關 關 關 關 關 關 關 關 關

關 關 關 關 關 關

관계할 관 관계할 관 관계할 관

關心(관심) : 어떤 일이나 대상에게 마음이 끌리는 것. *마음 심

예 푸짐한 사은품으로 고객의 關心을 끌었습니다.

1탄 p.83

京

서울 경
(亠부 총 8획)

京 京 京 京 京 京 京 京

京	京	京	京	京	京
서울 경	서울 경	서울 경			

上京(상경) : 지방에서 서울로 올라옴. *윗 상

예 기차역은 上京한 사람들로 가득 찼습니다.

1탄 p.83

交

사귈 교
(亠부 총 6획)

交 交 交 交 交 交

交	交	交	交	交	交
사귈 교	사귈 교	사귈 교			

交代(교대) : 어떤 일을 여럿이 나누어서 차례에 따라 맡아 함. *대할 대

예 우리 가족은 交代로 집 안 청소를 합니다.

1탄 p.83

亡

망할 망
(亠부 총 3획)

亡 亡 亡

亡	亡	亡	亡	亡	亡
망할 망	망할 망	망할 망			

亡身(망신) : 말이나 행동을 잘못하여 명예나 체면이 깎임. *몸 신

예 거짓말한 것이 들통나서 亡身을 당했습니다.

用水(용수) : 방화, 관개, 공업, 발전, 음료 따위에 쓰기 위한 물. *물 수

예 가뭄으로 농업 用水가 부족합니다.

1단 p.85

結

맺을 결

(糸부 총 12획)

結末(결말) : 어떤 일이 마무리되는 끝. *끝 말

예 이 영화의 結末은 참 슬픕니다.

1단 p.85

級

등급 급

(糸부 총 10획)

級數(급수) : 기술 따위를 우열에 따라 매긴 등급. *셈 수

예 나는 친구보다 바둑 級數가 높습니다.

5급 쓰기노트

1탄 p.85

給

줄 급
(糸부 총 12획)

給 給 給 給 給 給 給 給 給 給 給 給

給 給 給 給 給 給

줄 급 줄 급 줄 급

給食*(급식) : 학교나 회사에서 학생이나 사원에게 식사를 줌. *밥 식

예 우리 학교 給食은 참 맛있습니다.

1탄 p.85

練

익힐 련
(糸부 총 15획)

練 練 練 練 練 練 練 練 練 練 練 練 練 練 練

練 練 練 練 練 練

익힐 련 익힐 련 익힐 련

練習*(연습) : 학문이나 기예 따위를 익숙하도록 되풀이하여 익힘. *익힐 습

예 한자를 잘하기 위해서는 많은 練習이 필요합니다.

1탄 p.85

綠

푸를 록
(糸부 총 14획)

綠 綠 綠 綠 綠 綠 綠 綠 綠 綠 綠 綠 綠 綠

綠 綠 綠 綠 綠 綠

푸를 록 푸를 록 푸를 록

綠地*(녹지) : 천연적으로 풀이나 나무가 우거진 곳. *땅 지

예 우리 동네는 綠地 공간이 풍부합니다.

1단 p.85

線

줄 선
(糸부 총 15획)

線 線 線 線 線 線 線 線 線 線 線 線 線 線 線

線 線 線 線 線 線

줄 선 줄 선 줄 선

線路(선로) : 기차나 전차의 바퀴가 굴러 가도록 레일을 깔아 놓은 길. *길 로

예 전동차 線路 가까이에 있으면 위험합니다.

1단 p.85

約

맺을 약
(糸부 총 9획)

約 約 約 約 約 約 約 約 約

約 約 約 約 約 約

맺을 약 맺을 약 맺을 약

約定(약정) : 어떤 일을 약속하여 정함. *정할 정

예 이 핸드폰은 約定 기간 동안 의무적으로 사용해야 합니다.

1단 p.85

終

마칠 종
(糸부 총 11획)

終 終 終 終 終 終 終 終 終 終 終

終 終 終 終 終 終

마칠 종 마칠 종 마칠 종

終末(종말) : 계속된 일이나 현상의 맨 끝. *끝 말

예 환경오염으로 인류가 終末을 맞을 수도 있습니다.

1탄 p.85

紙

종이 지
(糸부 총 10획)

紙 紙 紙 紙 紙 紙 紙 紙 紙 紙

紙	紙	紙	紙	紙	紙
종이 지	종이 지	종이 지			

紙面*(지면) : 글이나 그림, 사진 등이 실리는 책이나 신문의 면. *얼굴 면

예 우리 학교가 신문 紙面에 크게 나왔습니다.

1탄 p.90

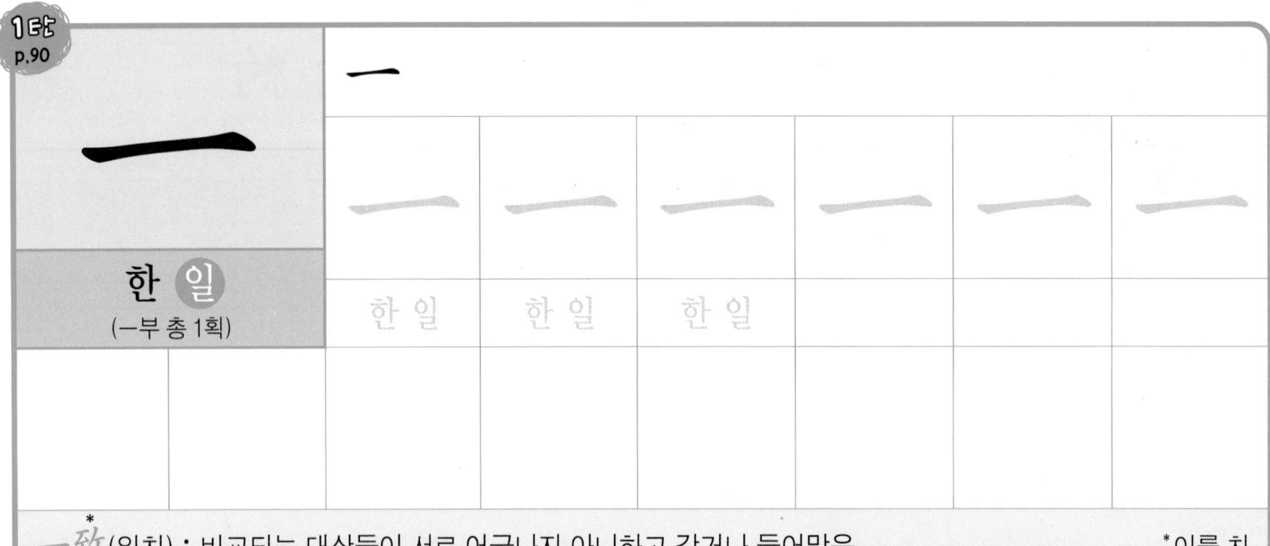

一

한 일
(一부 총 1획)

一

一	一	一	一	一	一
한 일	한 일	한 일			

一致*(일치) : 비교되는 대상들이 서로 어긋나지 아니하고 같거나 들어맞음. *이를 치

예 긴 토론 끝에 의견의 一致를 봤습니다.

1탄 p.90

不

아닐 불/부
(一부 총 4획)

不 不 不 不

不	不	不	不	不	不
아닐 불/부	아닐 불/부	아닐 불/부			

不足*(부족) : 필요한 양이나 기준에 미치지 못함. *충분할 족

예 산소 不足으로 물고기들이 떼죽음을 당했습니다.

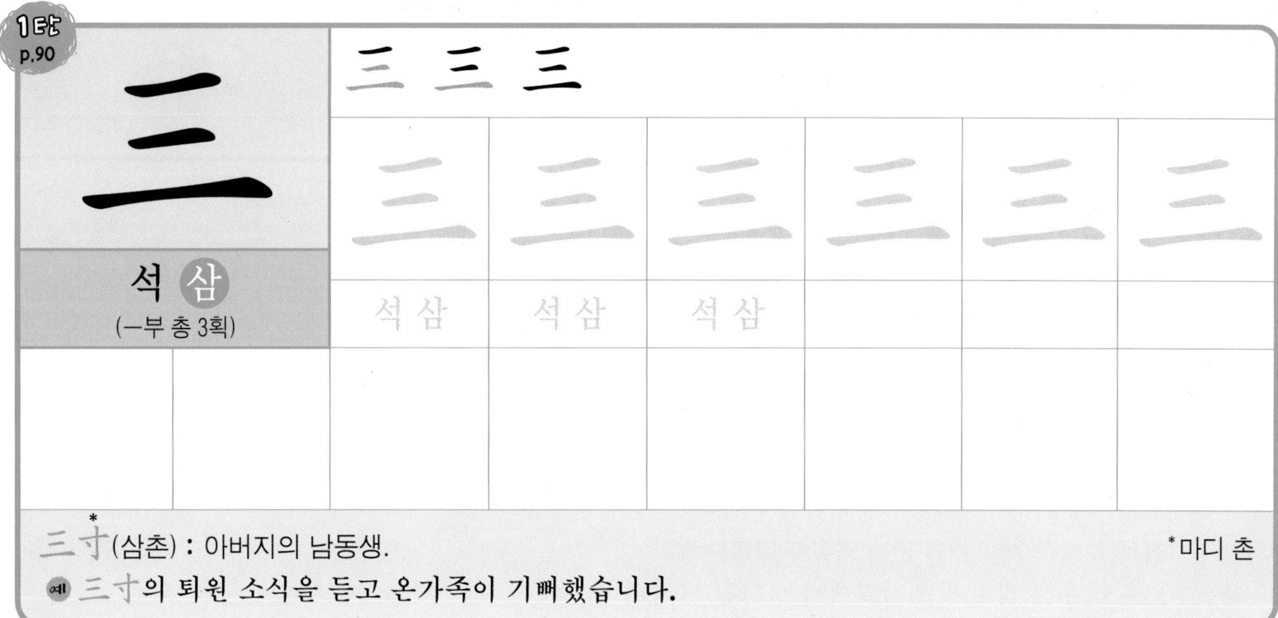

三寸(삼촌) : 아버지의 남동생. *마디 촌

예 三寸의 퇴원 소식을 듣고 온가족이 기뻐했습니다.

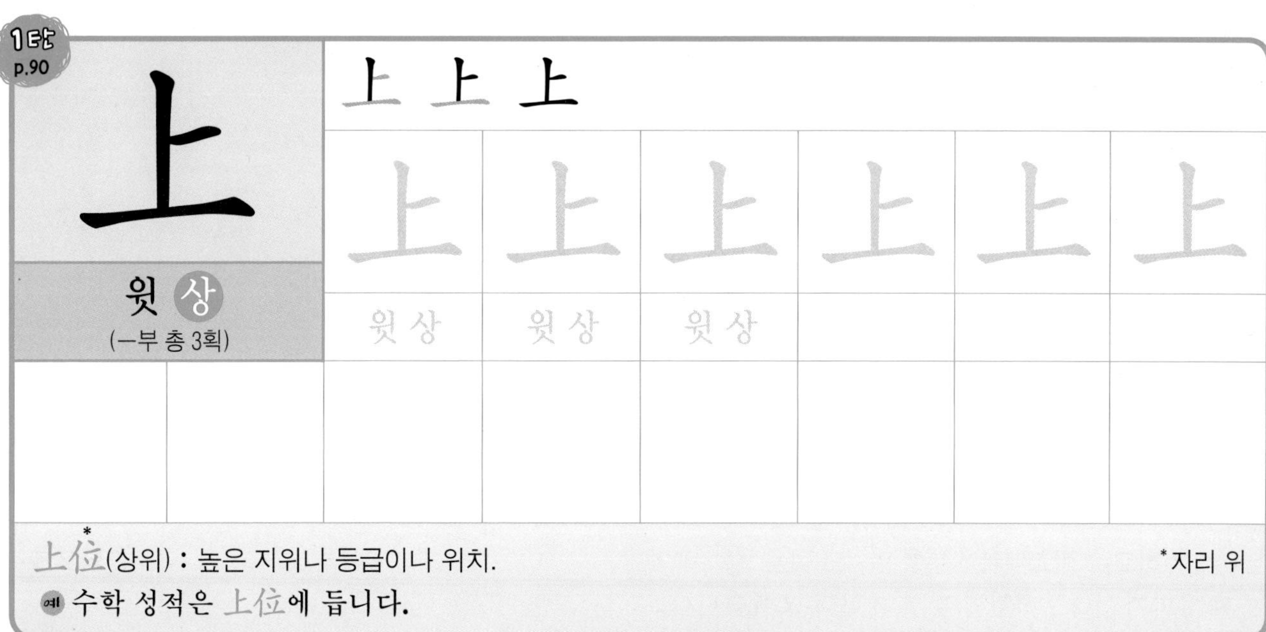

上位(상위) : 높은 지위나 등급이나 위치. *자리 위

예 수학 성적은 上位에 듭니다.

世界(세계) : 지구상의 모든 나라. *지경 계

예 世界에서 제일 높은 산은 에베레스트 산입니다.

1탄 p.90

七

일곱 칠
(一부 총 2획)

七 七

七	七	七	七	七	七
일곱 칠	일곱 칠	일곱 칠			

七夕*(칠석) : 음력 7월 7일을 민속 명절로 이르는 말. *저녁 석

예 七夕은 견우와 직녀가 오작교에서 만나는 날입니다.

1탄 p.90

下

아래 하
(一부 총 3획)

下 下 下

下	下	下	下	下	下
아래 하	아래 하	아래 하			

下校*(하교) : 학교에서 공부를 마치고 나옴. *학교 교

예 엄마가 下校 시간에 맞춰 데리러 오셨습니다.

1탄 p.91

二

두 이
(二부 총 2획)

二 二

二	二	二	二	二	二
두 이	두 이	두 이			

二重*(이중) : 두 번 거듭되거나 겹침. *거듭 중

예 안전을 위해 창문을 二重으로 설치했습니다.

五色(오색) : 빨강, 파랑, 노랑, 하양, 검정의 다섯 가지 색깔. *빛 색

예 다리 양쪽으로 五色 깃발이 겹겹이 걸려 있었습니다.

八道(팔도) : 조선 시대에 전국을 8개의 행정 구역으로 나눈 것. *길 도

예 전국 八道를 돌아다니며 물건을 팔았습니다.

公開(공개) : 어떤 사실이나 사물, 내용 따위를 여러 사람에게 널리 터놓음. *열 개

예 公開 토론회가 열렸습니다.

1탄 p.92

共

한가지 공
(八부 총 6획)

共 共 共 共 共 共

한가지 공 한가지 공 한가지 공

共同*(공동) : 둘 이상의 사람이나 단체가 함께 일을 하는 것. *함께 동

예 이 영화는 미국과 우리나라가 共同 제작한 것입니다.

1탄 p.92

具

갖출 구
(八부 총 8획)

具 具 具 具 具 具 具 具

갖출 구 갖출 구 갖출 구

具色*(구색) : 여러 가지 물건을 고루 갖춤. *빛 색

예 具色을 맞추어 밥상을 차렸습니다.

1탄 p.92

六

여섯 륙
(八부 총 4획)

六 六 六 六

여섯 륙 여섯 륙 여섯 륙

六親*(육친) : 부모, 자식, 형제와 같이 가족 관계에 있는 사람. *친할 친

예 그 두 사람은 六親처럼 서로 의지하는 사이입니다.

1탄 p.92

兵

병사 병
(八부 총 7획)

兵力(병력) : 군대의 힘이나 군대의 인원. *힘 력

예 적군의 갑작스런 공격으로 우리 군은 많은 兵力을 잃었습니다.

1탄 p.92

典

법 전
(八부 총 8획)

典	典	典	典	典	典
법 전	법 전	법 전			

古典(고전) : 오랫동안 많은 사람에게 널리 읽히고 모범이 될 만한 문학이나 예술 작품. *예 고

예 아버지는 古典 음악을 좋아합니다.

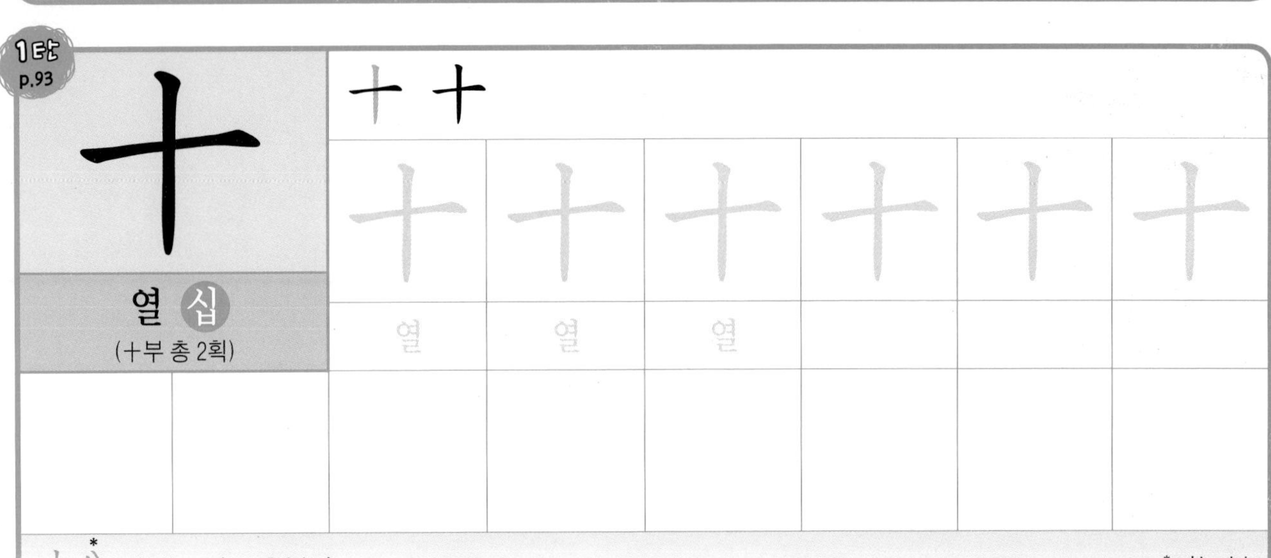

1탄 p.93

十

열 십
(十부 총 2획)

十分(십분) : 아주 충분히. *나눌 분

예 엄마는 솜씨를 十分 발휘하여 잔칫상을 차렸습니다.

5급 쓰기노트

1탄 p.93

南

남녘 남
(十부 총 9획)

南 南 南 南 南 南 南 南 南

南 南 南 南 南 南

남녘 남 남녘 남 남녘 남

南北(남북) : 남쪽과 북쪽을 아울러 이르는 말. *북녘 북

예 南北 통일은 우리 민족의 최대 소원입니다.

1탄 p.93

半

반 반
(十부 총 5획)

半 半 半 半 半

半 半 半 半 半 半

반 반 반 반 반 반

半島(반도) : 삼면이 바다로 둘러싸이고 한 면은 육지에 이어진 땅. *섬 도

예 우리나라는 半島로 되어 있습니다.

1탄 p.93

午

낮 오
(十부 총 4획)

午 午 午 午

午 午 午 午 午 午

낮 오 낮 오 낮 오

午前(오전) : 자정부터 낮 열두 시까지의 시간. *앞 전

예 토요일은 午前 수업만 합니다.

1단 p.93

卒

마칠 졸
(十부 총 8획)

卒 卒 卒 卒 卒 卒 卒 卒

마칠 졸 마칠 졸 마칠 졸

卒業*(졸업) : 학생이 학교에서 정해진 학업 기간을 다 마침. *일 업

예 시험을 통과해야 卒業할 수 있습니다.

1단 p.93

千

일천 천
(十부 총 3획)

千 千 千

일천 천 일천 천 일천 천

千萬*(천만) : 천이나 만이라는 뜻으로, 아주 많은 수효를 뜻함. *일만 만

예 장군은 千萬의 적도 두려워하지 않았습니다.

1단 p.93

卓

높을 탁
(十부 총 8획)

卓 卓 卓 卓 卓 卓 卓 卓

높을 탁 높을 탁 높을 탁

卓上*(탁상) : 책상, 식탁 따위의 위. *윗 상

예 卓上에는 책과 연필이 놓여 있었습니다.

앞에서 학습한 한자를 큰 소리로 읽으며, 다시 한 번 익혀 보세요.

寒	害	廣	度	序	店
찰 한	해할 해	넓을 광	법도 도	차례 서	가게 점
庭	高	門	間	開	關
뜰 정	높을 고	문 문	사이 간	열 개	관계할 관
京	交	亡	用	結	級
서울 경	사귈 교	망할 망	쓸 용	맺을 결	등급 급
給	練	綠	線	約	終
줄 급	익힐 련	푸를 록	줄 선	맺을 약	마칠 종
紙	一	不	三	上	世
종이 지	한 일	아닐 불	석 삼	윗 상	인간 세
七	下	二	五	八	公
일곱 칠	아래 하	두 이	다섯 오	여덟 팔	공평할 공
共	具	六	兵	典	十
한가지 공	갖출 구	여섯 륙	병사 병	법 전	열 십
南	半	午	卒	千	卓
남녘 남	반 반	낮 오	마칠 졸	일천 천	높을 탁

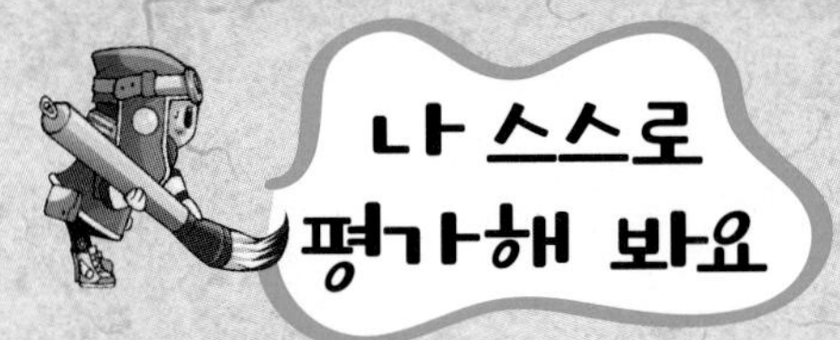

다음 한자의 훈과 음을 쓰세요.

寒	害	廣	度	序	店
庭	高	門	間	開	關
京	交	亡	用	結	級
給	練	綠	線	約	終
紙	一	不	三	上	世
七	下	二	五	八	公
共	具	六	兵	典	十
南	半	午	卒	千	卓

다음 훈과 음에 해당하는 한자를 쓰세요.

찰 한	해할 해	넓을 광	법도 도	차례 서	가게 점
뜰 정	높을 고	문 문	사이 간	열 개	관계할 관
서울 경	사귈 교	망할 망	쓸 용	맺을 결	등급 급
줄 급	익힐 련	푸를 록	줄 선	맺을 약	마칠 종
종이 지	한 일	아닐 불	석 삼	윗 상	인간 세
일곱 칠	아래 하	두 이	다섯 오	여덟 팔	공평할 공
한가지 공	갖출 구	여섯 륙	병사 병	법 전	열 십
남녘 남	반 반	낮 오	마칠 졸	일천 천	높을 탁

1단 p.94

中

가운데 중
(丨부 총 4획)

中 中 中 中

中 中 中 中 中 中

가운데 중 가운데 중 가운데 중

中心*(중심) : 사물의 한가운데. *마음 심

예 화살이 과녁의 中心을 꿰뚫었습니다.

1단 p.95

小

작을 소
(小부 총 3획)

小 小 小

小 小 小 小 小 小

작을 소 작을 소 작을 소

小兒*(소아) : 어린아이. *아이 아

예 아토피를 앓고 있는 小兒가 점점 많아지고 있습니다.

1단 p.95

少

적을 소
(小부 총 4획)

少 少 少 少

少 少 少 少 少 少

적을 소 적을 소 적을 소

少量*(소량) : 적은 분량. *헤아릴 량

예 少量으로 포장된 상품이 많아졌습니다.

1탄 p.96

邑

고을 읍
(邑부 총 7획)

邑 邑 邑 邑 邑 邑 邑

邑 邑 邑 邑 邑 邑

고을 읍 고을 읍 고을 읍

邑內(읍내) : 고을의 안. *안 내

예 여기가 邑內에서 제일 맛있는 음식점입니다.

1탄 p.96

郡

고을 군
(邑부 총 10획)

郡 郡 郡 郡 郡 郡 郡 郡 郡 郡

郡 郡 郡 郡 郡 郡

고을 군 고을 군 고을 군

郡民(군민) : 그 군(郡)에 사는 사람. *백성 민

예 郡民을 위한 체육대회가 열렸습니다.

1탄 p.96

都

도읍 도
(邑부 총 12획)

都 都 都 都 都 都 都 都 都 都 都 都

都 都 都 都 都 都

도읍 도 도읍 도 도읍 도

都市(도시) : 한 지역의 정치, 경제, 문화의 중심이 되는 사람이 많이 사는 지역. *시장 시

예 都市 생활에 익숙해졌습니다.

部分*(부분) : 전체를 이루는 작은 범위. *나눌 분

예 이 글의 주제는 마지막 部分에 나와 있습니다.

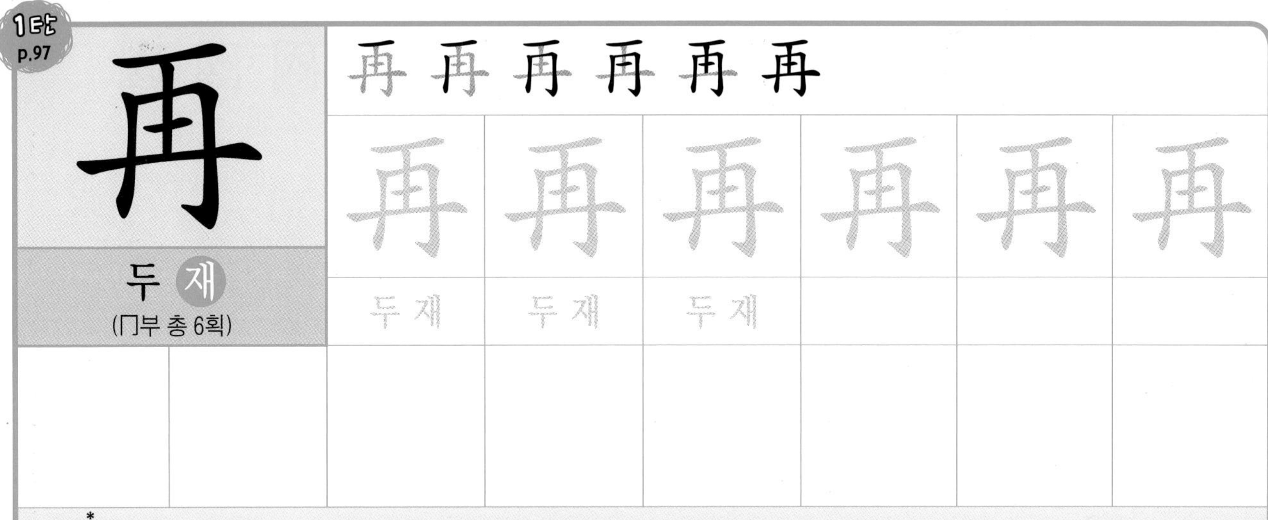

再建*(재건) : 허물어진 건물이나 조직 따위를 다시 일으켜 세움. *세울 건

예 전쟁으로 폐허가 된 마을의 再建을 위하여 모두 노력했습니다.

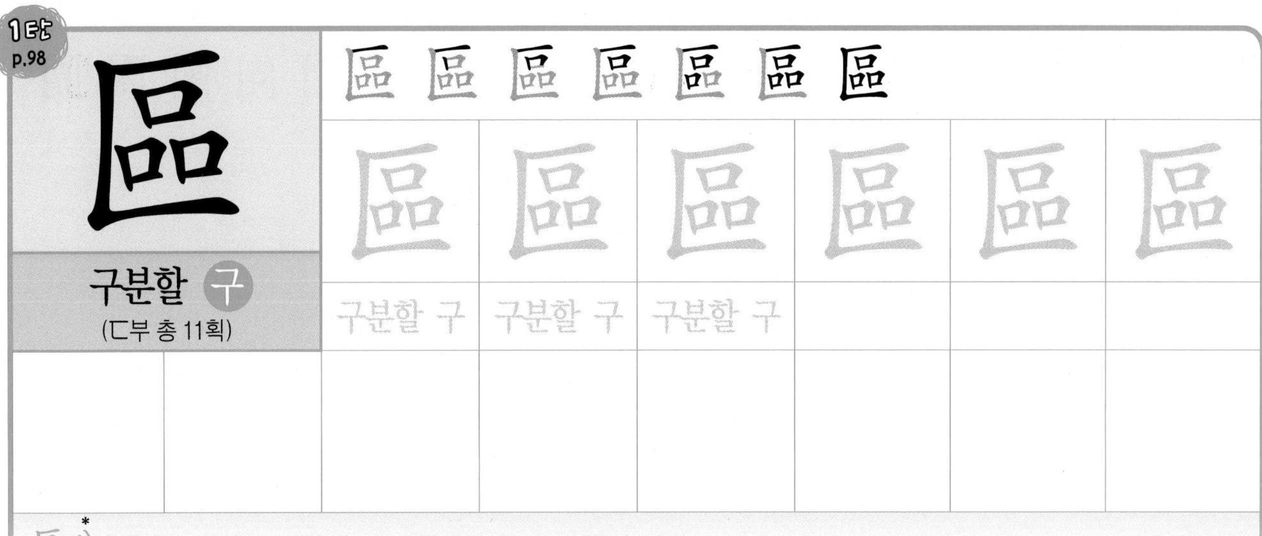

區分*(구분) : 일정한 기준에 따라 전체를 몇 개로 갈라 나눔. *나눌 분

예 도자기를 시대별로 區分하여 전시했습니다.

1탄 p.99

固

굳을 고

(口부 총 8획)

굳을 고 굳을 고 굳을 고

固體*(고체) : 일정한 모양과 부피가 있는 단단한 물질의 상태. *몸 체

예 물은 액체이고, 얼음은 固體입니다.

1탄 p.99

國

나라 국

(口부 총 11획)

나라 국 나라 국 나라 국

國民*(국민) : 국가를 구성하는 사람. *백성 민

예 나라의 주인은 國民입니다.

1탄 p.99

團

둥글 단

(口부 총 14획)

둥글 단 둥글 단 둥글 단

團結*(단결) : 사람이 마음과 힘을 한데 뭉침. *맺을 결

예 온 국민이 團結하여 경제 위기를 극복했습니다.

地*圖(지도) : 지구 표면의 상태를 일정한 비율로 줄여 평면에 나타낸 그림. *땅 지

예 약속 장소에 정확히 찾아가기 위해 地圖를 보았습니다.

四方*(사방) : 동, 서, 남, 북의 네 방위를 통틀어 이르는 말. *방 방

예 四方이 산으로 막혀 있었습니다.

1단 p.99

園

동산 원

(口부 총 13획)

園 園 園 園 園 園 園 園 園 園 園 園 園

園	園	園	園	園	園
동산 원	동산 원	동산 원			

公*園(공원) : 사람들이 산책하거나 쉴 수 있도록 만든 넓은 장소. *함께 공

예 어머니는 아침마다 公園을 산책하십니다.

因	因 因 因 因 因 因					
	因	因	因	因	因	因
인할 인 (口부 총 6획)	인할 인	인할 인	인할 인			

因習*(인습) : 이전부터 전하여 내려오는 습관. *익힐 습

예 因習에 얽매이지 맙시다.

쓰기 노트에서 배운 한자 중, 다음 내용에 해당하는 한자가 무엇인지 알아맞혀 보세요.

1. 나무가 밭에 콕 심어져 있는 한자는 무엇일까요?
2. 아버지가 모자를 쓰고 있는 모양을 한 한자는 무엇일까요?
3. 세 사람이 함께 햇볕을 쪼이고 있는 한자는 무엇일까요?
4. 산이 두 개 있는 한자는 무엇일까요?

정답

1. 東(동녘 동) : 木(나무 목)자가 田(밭 전)자에 들어가 있어요.
2. 交(사귈 교) : 父(아비 부)자 위에 모자(亠) 모양 한자가 놓여 있어요.
3. 春(봄 춘) : 三(석 삼) + 人(사람 인) + 日(날 일)
4. 出(날 출) : 山(메 산)자가 위 아래로 2개 놓여 있어요.

앞에서 학습한 한자를 큰 소리로 읽으며, 다시 한 번 익혀 보세요.

中	小	少	邑	郡	都
가운데 중	작을 소	적을 소	고을 읍	고을 군	도읍 도
部	再	區	固	國	團
떼 부	두 재	구분할 구	굳을 고	나라 국	둥글 단
圖	四	園	因		
그림 도	넉 사	동산 원	인할 인		

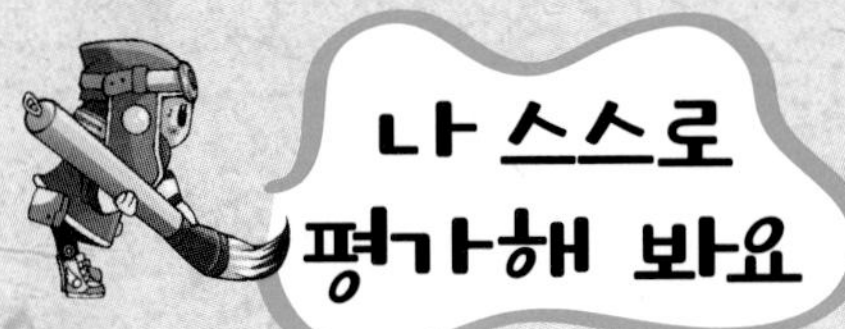

다음 한자의 훈과 음을 쓰세요.

中	小	少	邑	郡	都
部	再	區	固	國	團
圖	四	園	因		

다음 훈과 음에 해당하는 한자를 쓰세요.

가운데 중	작을 소	적을 소	고을 읍	고을 군	도읍 도
떼 부	두 재	구분할 구	굳을 고	나라 국	둥글 단
그림 도	넉 사	동산 원	인할 인